목소리를 높여봐!

SPEAK UP!

십대의 당당하고 솔직한 자기표현을 도와주는 가이드북

목소리를 높여봐!

핼리 본디 지음
조딘 본즈 일러스트
김잔디 옮김

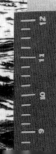

차례

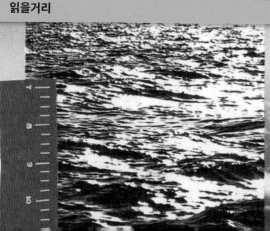

목소리는 정말 멋진 도구야. 노래하고, 함성을 지르고, 이야기하고, 웃고, 친구를 사귀고 친해지고, 수업 시간에 질문에 대답하고, 그 밖에도 많은 일에 목소리를 내잖아! 목소리는 네가 누구이고 무엇을 원하는지 세상에 보여줄 열쇠야. 가만히 있어도 마음을 읽을 수 있는 사람은 없잖아. 목소리야말로 너의 뇌와 외부 세계를 연결하는 고리지.

하지만 네가 마구 떠들면 사람들이 조용히 하라고 할 거야. 세상은 사람들, 특히 소녀들이 솔직하게 마음을 털어놓기보다는 '정해진' 말을 하도록 강요하는 경향이 있거든. 선생님이나 부모님, 때로는 친구들조차 네 의견 따위는 들을 가치가 없다는 듯이 굴기도 해. 너 스스로 회의감에 빠져서 입을 닫을 때도 있을 테고.

예를 들어 네가 아주 좋아하는 영화를 같은 반 친구가 나쁘게 얘기할 때, 굳이 반박하기는 불편할 거야. 친구가 '화가 나서' 너를 조롱하거나 무시할 때, 거기 맞서서 네 입장을 또박또박 말하기도 어려울 거고. 가끔은 부모님한테 부당하게 꾸중을 듣는다는 생각이 들 때도 있지 않니? 이런 상황에 마주치면 정작 너 자신의 기분보다 '창피당하면 어쩌지?', '화를 내면 어쩌지?', '친구들은 뭐라고 할까?', 심하게는 '괜히 긁어 부스럼 만드는 건 아닐까?' 같은 고민에 빠지기 쉬워.

살다 보면 때로 중요한 말을 해야 하는 순간을 마주하지. 그런데 하고자 하는 말이 너무 바보 같거나 심각하다는 기분이 들어서, 아니면 뭔가 나쁜 결과가 생길까 봐 자기 본능을 무시할 때가 있어. 하지만 중요한 순간인데도 표현을 하지 않으면 네 감정은 그냥 묻히고 말 거야. 가끔은 진짜 네 마음이 어떤지 스스로도 알기 어려워지겠지. 계속 그러다 보면 자신이 누구인지, 어떤 사람이 되고 싶은 건지 혼란스러워질 거야.

　이 책은 네가 너다워지도록 도와줄 거야. 가상의 대화도 있고, 연습문제도 있어. 상황에 따른 조언도 정리해두었지. 이를 참고해서 친구나 부모님, 선생님은 물론 짝사랑하는 상대에게도 자신을 어떻게 표현할지 배워보자. 수학 교과서처럼 기초부터 응용까지 차근차근 밟아 올라갈 거야. 너의 다정한 친구인 내가 중학교 때 겪은 이야기도 들려줄게. 어쨌든 나도 한때는 중학생이었으니까!

　기억해, 엄청나게 똑똑하거나 패션 감각이 남다르거나 최신 스마트폰을 가졌다고 해서 중학교 시절을 행복하게 보낼 수 있는 건 아니라는 걸. 그런 생각이 들 때가 많겠지만 말이지. 정말 행복해지려면 주장을 굽히지 말고 자기답게 행동하고, 원하는 것을 얻기 위해 목소리를 내야 해. 그리고 나면, 세상은 네 손바닥 안이야.

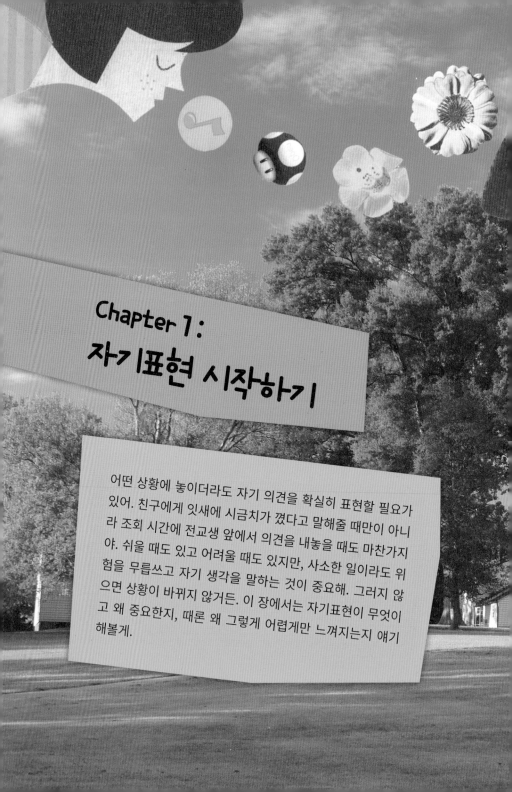

Chapter 1 :
자기표현 시작하기

어떤 상황에 놓이더라도 자기 의견을 확실히 표현할 필요가 있어. 친구에게 잇새에 시금치가 꼈다고 말해줄 때만이 아니라 조회 시간에 전교생 앞에서 의견을 내놓을 때도 마찬가지야. 쉬울 때도 있고 어려울 때도 있지만, 사소한 일이라도 위험을 무릅쓰고 자기 생각을 말하는 것이 중요해. 그러지 않으면 상황이 바뀌지 않거든. 이 장에서는 자기표현이 무엇이고 왜 중요한지, 때론 왜 그렇게 어렵게만 느껴지는지 얘기해볼게.

자기표현이 왜 중요할까

자기표현을 확실히 하면 여러모로 도움이 돼.

1. 우선, 표현을 잘 못하는 누군가를 도울 수 있어. 누군가 왕따를 당하거나 숫기가 없어서 친구를 사귀지 못할 때, 너의 한마디가 크게 도움이 될 수 있지. 그러면 네 기분도 좋아질 거야. 괴롭히는 편에 끼겠다고? 틀림없이 후회할걸?

중학생 친구들끼리 흔히 나눌 만한 가상 대화를 살펴보자. 여기 등장하는 레이철은 착한 애지만 갓 전학 온 터라 친구가 거의 없어.

에이드리언: 오늘 레이철이 입은 스웨터 진짜 웃기더라. 걔한테 엄청 구리다고 말 해줬어.

애니아: 흠. 레이철은 뭐래?

에이드리언: '응? 구리다고?' 이러던데. 어이없지 않니?

애니아: 진짜 어이없네.

에이드리언의 말에 애니아가 저렇게 대꾸할 수도 있겠지. 하지만 조금만 생각해봐. 레이철이 패션 센스는 떨어질지 몰라도 애니아한테 늘 잘해줬고, 사실 애니아도 레이철을 좋아하는 편이야. '형편이 어려워서 옷을 살 수 없었다면, 그건 레이철의 잘못이 아니야. 거기다 대고 스웨터가 구리다고 얘기하는 건 정말 야비한 일이야. 전학 온 지 얼마 안 돼 친구를 잘 사귀지 못해서 이미 충분히 힘들 텐데, 레이철이 이 일로 상처받지 않았을까?'

자, 이제 우리는 애니아의 속마음을 알았어.

애니아가 솔직하게 자기 의견을 표현한다면 대화는 이렇게 흘러갈 거야.

에이드리언: 오늘 레이철이 입은 스웨터 진짜 웃기더라. 걔한테 엄청 구리다고 말해줬어.

애니아: 정말? 야…, 그건 좀 심했다.

에이드리언: 걔가 옷을 구리게 입는 게 내 잘못은 아니잖아!

애니아: 옷을 완벽하게 입는 사람이 어디 있어. 레이철한테 너무 그러지 마, 착한 애잖아.

에이드리언: 내 참, 알았어.

애니아: 학교 끝나고 놀러 갈까?

에이드리언: 흥, 네 절친 레이철 데려오려고?

애니아: 당연하지, 우리 사귀는 사이인데 몰랐어? 4시에 봐.

에이드리언: 그러든가.

애니아는 도움이 필요한 사람을 위해 나섰고, 대화 중에 자기 생각을 솔직하게 표현했어. 물론 에이드리언의 기분이 잠시 나빴을 수도 있지만, 애니아는 분명한 의견을 갖고 옳다고 생각하는 일에 나섰어. 에이드리언도 배운 점이 있었을 거야. 둘 다 그렇게 넘어가면 돼.

아, 그런데 레이철 편을 든다고 에이드리언이 엄청나게 화를 낼 수도 있겠지. 그렇다면…, 에이드리언이 진정한 친구라고 할 수 있을까? 이 문제는 83쪽에서 좀 더 살펴보자.

2. 자기 생각을 확실히 표현하면 **다른 친구나 어른들에게 존중받을 수 있어.** 의사표시가 명확한 사람이라는 인식을 심어주면, 앞으로도 다른 사람들이 네 기분을 존중해줄 거야. 하지만 네가 아무 말도 하지 않으면 사람들은 모를 수밖에 없어.

예를 들어 이런 상황을 생각해보자.

체육 선생님: 너 덩치가 크니까 포수를 하는 게 어때?

저넬: 네….

[일주일 후]

체육 선생님: 덩치야! 오늘부터 운동 시작하자!

저넬: 하아…, 네.

이런 일은 일 년 내내 계속돼. 저넬은 하기 싫은 포수를 하면서 '덩치'라는 말을 계속 들어야 해.

물론 여기서 '덩치'는 네가 열등감을 갖고 있는 다른 단어로 얼마든지 바꿀 수 있어. '꺽다리'나 '꼬맹이', '말라깽이'나 '우량아' 같은 너에게 상처를 주는 표현 말이야. 그런 말은 선생님답지 않고 적절하지도 않지만 본인은 재미있다고 생각했을 가능성도 있지. 친근함을 표시하려고 일부러 그랬을 수도 있어. 그런데 저넬이 솔직하게 말하지 않으면, 선생님은 끝내 모르고 넘어갈 거야. 다르게 대화해보자.

체육 선생님: 너 덩치가 크니까 포수를 하는 게 어때?

저넬: (개인적으로 찾아가서) 선생님, 사실 저는 덩치 크다는 말이 정말 거북해요.

체육 선생님: 아, 그랬구나. 미안해.

저넬: 감사합니다. 말씀드려야 할 것 같아서요.

[일주일 후]

체육 선생님: 저넬, 이번 주에 유격수로 뛸래? 잘할 것 같은데.

저넬: 네, 한번 해볼게요!

체육 선생님은 잘못을 깨달았고 저녤의 기분을 존중하는 법을 배웠어. 저녤이 분명하게 의견을 표현했기에 상황이 바뀐 거지. 만약 저녤이 입을 다물고 있었다면 전혀 다른 모습이었을 거야. 저녤은 생각을 표현하는 과정에서 선생님이 자기 의견을 존중한다는 사실을 알게 됐어. 앞으로 선생님 때문에 속상할 일도 없겠지.

물론, 선생님이 저녤을 계속 괴롭힌다면 부모님이나 교장 선생님 등 다른 어른에게 도움을 청해야 해.

3. 무엇보다, **자기표현을 확실히 하면 원하는 것을 얻을 수 있어.** 네가 아는 여성 중에 꿈을 이룬 분을 생각해봐. 가장 좋아하는 선생님, 유명한 운동선수, 비욘세, 엄마…, 누구든 상관없어. 그 여성들이 현실에 순응하기만 했다면 지금처럼 잘됐을까? 그분들은 자기를 무시하는 사람들에게 맞서서 의견을 당당히 표현하고, 부당한 요구를 하거나 함부로 판단하는 사람들에게 "그만둬!"라고 말했기에 지금 자리에 오를 수 있었어. 그러다가 억울한 일을 당할 때도 있겠지만, 뭐 어때? 다른 사람에게 해를 끼치지 않는 한, 자신이 원하는 걸 얻는 건 정말 좋은 일이잖아.

예를 들어 이런 상황을 생각해보자.

로런: 나 오늘 밤에 〈헝거게임〉 보러 갈 거야!

메이: 와! 좋겠다.

로런: 응, 빨리 보고 싶어! 엄마 아빠랑 가는 게 좀 그렇긴 하지만…. 재미있을

거야.

메이: 영화 재밌겠더라. 나도 보러 가고 싶었는데.

로런: 응, 또 보자!

음…, 너도 무슨 상황인지 눈치챘을 거야. 메이는 영화를 정말 보고 싶었지만 차마 함께 가자고 말을 못 했어. 로런이 먼저 말해주길 바랐거나, 로런네 부모님이 괜찮다고 생각하실지 걱정이 됐겠지. 안타깝지만 말을 하지 않았으니 로런은 평생 모를 거야.

메이가 자기 생각을 말했다면 어땠을까?

로런: 나 오늘 밤에 〈헝거게임〉 보러 갈 거야!

메이: 와! 좋겠다.

로런: 응, 빨리 보고 싶어! 엄마 아빠랑 가는 게 좀 그렇긴 하지만…. 재미있을 거야.

메이: 혹시 친구랑 가고 싶은 생각은 없어? 나 말이야.

로런: 그래, 그 생각을 못 했네! 부모님께 한번 여쭤볼게!

메이: 나도!

잘했어. 메이에게 그 영화를 볼 가능성이 생겼어. 자기표현을 한 덕분이지. 이 시나리오에서는 메이 말에 로런이 흔쾌히 응했는데, 그렇지 않았다고 한들 무슨 나쁜 일이 있겠니? 로런이 거절하는 것? 오늘 밤 표는 매진돼서 날을 다시 잡아야 하는 것? 물론 거절당하면 실망스러울 테고,

표를 다시 사야 하는 건 좀 성가신 일이지. 하지만 그렇다고 메이의 세상이 끝나는 건 아니잖니. 어쨌든 둘 다 부모님께 허락을 받아서 영화를 재미있게 보길 빌어주자.

자기표현은 왜 어렵게만 느껴질까

안타까운 일이지만 자기표현이 늘 쉽지는 않아. 어른들에게도 때론 힘든 일이지. 여러 사람 앞에서 위험을 무릅쓰고 감정을 드러내는 건 두려운 일이거든. 어른도 어렵게 생각하는 만큼 중학생에게는 더욱 힘든 일이야.

왜 그렇게 힘드냐고? 우선, **과학적인 근거**가 있어.

정말이야. 중학생의 뇌는 걷잡을 수가 없어. 네가 아무리 똑똑하고 차분하고 멋진 애라고 해도, 네 본성과 자기표현은 별개의 문제야.

지금도 두뇌가 번개 같은 속도로 발전하고 있거든. 그래서 감정이 롤러코스터를 타듯 아주 급격하게 오르락내리락할 거야. 슬펐다가, 화났다가, 당황스럽다가, 두려웠다가, 행복했다가…, 여러 감정이 뒤죽박죽되어 찾아오지. 마음속에 낯선 감정이 솟구치는데 이걸 논리적으로 잘 정리하지 못해. 네 안에서 사나운 개가 마구 날뛰는 것과 비슷하다고나 할까.

언젠가는 결국 길들겠지만 지금

너만 그런 게 아니야.
친구들도 모두 비슷한 문제를 겪고 있단다. 중학교 시절을 쉽게 보내는 사람은 거의 없고, 천지창조 이후로 감정 문제는 사춘기 아이들의 최대 난제였어! 숨을 깊이 들여마시고 하던 일을 잠깐 멈춰보렴. 이 책에 나오는 조언을 최대한 활용해서 극복해봐.

당장은 감정이 무척 격렬할 거야. 너의 뇌에선 논리나 체계를 담당하는 좀 더 쓸모 있는 영역이 그런 변화를 따라잡으려고 애쓰고 있지.

다음 그림은 중학생의 뇌를 표현한 거야.

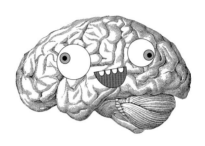

왜 부모님은 가끔 다른 별에서 온 것 같을까? 음, 여러 가지가 있겠지만 가장 큰 이유는 정신없는 두뇌 변화가 멈췄기 때문이야. 두뇌는 중학생 시기에 대대적인 리모델링을 하고 나면 안정을 찾거든.

다음 그림은 부모님의 뇌야.

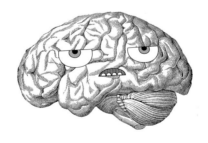

일상생활을 할 때 뇌에서 얼마나 엄청난 변화가 일어나는가를 느끼기는 물론 어려워. 하지만 넌 아직 성장 중이라서 가끔씩 자기도 모르게 감

정이 극단으로 치닫곤 하지. 예를 들면 이런 식으로 말이야. '이 이상한 옷을 입고 나가면 다들 나만 쳐다볼 거야. 내 인생은 그걸로 끝이야!', '파티에 초대받지 못하는 건 세상에서 가장 비참한 일이야!', '짝사랑하는 애가 날 좋아하지 않으면 난 사회적으로 매장당할 거야!'

그러니 창피당할 위험을 무릅쓰고 자기표현을 하기란 불가능에 가까워 보이는 거지. 하지만 불가능하지 않아. 그냥 조금 까다로울 뿐이지.

가끔 뇌가 네 의지와 반대로 움직이는 것 같겠지만, 그런 극단적인 기분을 너만 느끼는 게 아니란다. 네 주변의 모든 사람도 성장하고 발전하는 중이고, 너처럼 롤러코스터에 가까운 기분을 오가고 있어.

자기표현이 어려운 또 다른 이유는 **네가 여자라는 데 있어**. 올바른 생각은 아니지만, 남학생이 더 똑똑하고 힘도 세고 뭐든 낫다고 생각하는 여학생이 많아. 과학적으로 사실이 아니라는 걸 알아도 이런 열등감을 극복하기는 힘들지. 우리 사회에는 뿌리 깊은 고정관념이 있거든. 남자들에겐 자신감을 갖거나 자기표현을 하는 일이 당연한 반면, 여자들은 조용히 순종하면서 물러나 있어야 한다는 생각 말이야. 그러니 네가 페미니즘이나 여성의 자주권을 이해하고 남녀가 같다고 믿으려 해도, 머릿속에서 수시로 "그런 일은 남자가 해야지"라는 목소리가 들려오는 거야. 말도 안 되지만, 그 목소리는 남자에 대한 사고방식과 말하는 방식, 자기표현 방식에 영향을 주게 돼(여학생이 받는 압박에 대해서는 22쪽에서 자세히 살펴보자).

덩치도 크고 시끄럽고, 자신만만해 보이지만 남학생 역시 여학생처럼 혼란을 겪는 중이야. 남성 호르몬도 격렬한 감정을 일으키거든. 사람들은 저마다 자기 기분과 두려움, 성격을 다르게 표현하는 법이니 남학생의 겉모습만 보고 모든 걸 가졌으리라고 지레짐작하지 말자. 내면에서 무슨 일이 벌어지고 있는지는 아무도 모르잖아.

중학교 생활이 특히 힘든 또 한 가지 이유는, **친구들과 어울리는 문제를 대단히 중시하기 때문**이야. 솔직히 중요하긴 해. 어른들이 너답게 행동하고 개성을 살리라고 입이 마르게 말해도, 아마 네겐 학교에서 괴상한 애로 낙인찍히지 않는 일이 가장 중요할 거야. 그러니 너답게 행동하는 것과 친구들 사이에서 멋지게 잘 어울리고 싶은 욕망 사이에서 균형을 잡기가 어려워질 거야. 십대 초반인 네게 이 둘은 충돌하기 쉽지만, 충분히 관리할 수 있어. 그 첫걸음으로 자기표현 방법을 배운다면 안성맞춤이지.

왜 여학생에게 자기표현이 더 힘들까?

사춘기 여학생은 많은 압박을 받아. 우리 문화는 네가 예뻐야 하고, 인기 있어야 하고, 날씬해야 하고, 모범생이어야 한다고 말하지. 스타일이 좋아야 한다는 압박도 있어. 마음에 드는 옷을 항상 살 수 있는 것도 아닌데 말이지. 남학생의 헤어스타일을 완벽하게 해준다는 광고를 본 적 있니? 아마 없을걸!

그뿐만이 아니야. 인간관계나 이성 교제, 마약 등 어려운 주제를 갈수록 자주 접하게 되잖아. 대부분 여학생은 어떻게 반응해야 할지 무척 당황하곤 해.

게다가 엄청나게 못되게 구는 애들도 한몫하지! 오늘날 학교폭력은 널리 퍼져 있어. 노골적으로 괴롭히는 '일진 스타일'이 아니더라도 매일 마주치는 사소한 상황에 폭력이 들어 있곤 해. 친한 친구가 네게 옷이 이상하거나 촌스럽다고 말했다고 하자. 대놓고 폭력을 쓴 건 아니지만 그런 무례한 말은 한 대 얻어맞은 것 못지않게 상처가 되지.

그리고 차별 문제도 있어. 많은 사람이 평등한 세상을 만들려고 힘들게 노력해왔지만 차별은 여전히 존재해. 여학생은 중학생이 되기 전에도, 중학생일 때도(안타깝지만, 그 후에도) 남학생과 다른 대접을 받아. 예를 들어 선생님은 여학생보다 남학생의 이름을 더 자주 부르고, 엉뚱한 말을 하더라도 남학생에게 더 귀를 기울인다는 연구 결과가 있어. 손을 들지

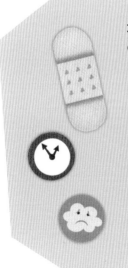

자기표현에 대해 읽다 보면, 이런 일을 걱정하기에는 네가 아직 어리다는 생각이 들 수도 있어. 오프라 윈프리, 힐러리 클린턴, 제니퍼 로렌스…. 세상에서 가장 자신감이 넘치고 말을 잘하는 여성들은 너보다 훨씬 나이가 많잖아? 자신감은 나이가 들면 저절로 생기는 것 아닐까? 흠, 그래. 그런 경우도 있지. 자신감이 생기려면 경험이 필요해. 성공도 하고, 실패도 하고, 이런저런 친구와 사귀고 연인 관계도 겪어 봐야 하지. 하지만 세상에서 가장 강한 여성도 중학교 때를 기억해. 그 시절에는 뇌가 성장하면서 아주 오래 남을 기억과 세상을 보는 관점을 만들어가거든. 앞으로 평생 네게 영향을 줄 것들이지! 그러니 지금이야말로 자기표현 연습을 시작하기에 딱 좋은 시기야.

않고 발언한 학생이 있을 때, 규칙을 어겼다며 처벌하는 대상은 여학생의 경우가 더 많다고 해. 이런 미묘한 불평등은 여학생의 자의식과 자기표현에 영향을 줄 가능성이 크지.

학교 환경이 여학생에게 우호적이든 아니든, 너만 원한다면 강인하고 자신감 넘치며 솔직한 여자가 될 수 있어(자신감에 대한 얘기는 50쪽을 참고하렴)! 조금 불편하고 불안하겠지만, 자기 의견을 전달하는 건 그만한 가치가 있는 일이란다.

다른 관점에서 보면 중학생 때는 무척 흥미진진한 시기야. 너는 지금 어린이와 성숙한 십대 사이 어딘가에 존재하거든. 한쪽 발은 행복하고 순수한 어린 시절에 담그고, 좀 더 독립적이고 어른스러워질 준비를 하고 있잖니! 네 인생에 이런 시기는 다시 오지 않을 테니 멋진 경험을 마음껏 해보는 게 어때?

내 이야기

난 중학교 때 무척 힘든 시간을 보냈어. 자존감 문제를 많이 겪었지만, 내가 중학생이던 1990년대에는 일진 여자애들이나 자신감 문제 등 중학생의 현실을 터놓고 얘기할 사람이 거의 없었어. 수업 시간에 손 들고 발언하는 건 잘했지만, 다른 사람 의견에 반대해야 하거나 내가 곤란해질 것 같으면 솔직하게 말하기가 너무 힘들었어. 겉보기에 나는 좋은 학생이었지. 음악 시간이나 체육 시간에 활발하게 참여했고 친구도 많았어. 하지만 속으로는 무척 괴로웠단다. 결국 심각한 식이장애가 생겼어. 한창 자라야 하는 시기에 14킬로그램이나 빠졌지 뭐야. 원래 조금 통통한 편이었는데 무서워 보일 정도로 빼빼 말랐고, 갈수록 더 마르기만 하는 거야. 감정을 억누르면서(난 중학생 때 화를 낸 적이 한 번도 없어) 모든 불만과 고통을 몸에다 퍼부었지.

결국에는 적절한 도움을 받았고 몸도 회복됐지. 하지만 지금까지도 중학생 시절을 잊기가 어려워. 집착하고 힘들어하던 기억, 바꾸고 개선할 수 있었는데 그러지 못했다는 아쉬움이 깊이 남아 있거든.

몇 년이 흐른 뒤에 나는, 많은 친구가 비슷한 경험을 했다는 사실을 알고 무척 놀랐어. 나만큼 극단적이지는 않더라도 친구들도 몸과 관련해서 어떤 식으로든 문제를 겪었다는 거야. 자기 자신보다는 다른 사람이 내 몸을 어떻게 볼지 지나치게 걱정한 탓이었지. 친구들 역시 중학교 때 느꼈던 괴로움을 어제 일처럼 기억했어. 나만 그랬던 게 아니라니 믿기 힘들었지. 그 시절 우리가 모두 같은 고민을 한다는 사실을 알았다면 얼마나 좋았을까!

중학교 시절 그렇게 겁내지 말고 내 의견을 표현했으면 좋았을 텐데. 가족이나 친구, 하다못해 식이장애를 극복하게 해준 치료사에게 내가 먼저 다가갔다면 어땠을까. 내 감정을 표현하기가 너무 무서워서 혼자 끙끙 앓기만 했는데, 그 때문에 엄청나게 괴로웠어. 내 목소리를 조금만 더 중요하게 생각했다면, 내 앞에 전혀 다른 세상이 펼쳐졌을 거야.

부정적인 생각들이여, 사라져라!

안된 일이지만, 너 혼자 세상을 바꿀 수는 없어. TV 광고를 균형 있게 제작하고, 전 세계의 남녀평등을 달성하고, 학교폭력을 몽땅 없애버릴 마법의 지팡이가 있지 않다면 말이야. 하기야 그런 지팡이가 있다면 왜 아직 사용하지 않았겠니? 그런데 막강한 도구를 이용하면, 즉시 혁명을 일으킬 힘을 얻을 수 있단다. 그 도구는 바로 네 '생각'이야.

분명 세상에는 소녀들을 압박하는 존재가 많아. 하지만 소녀들이 저도 모르게 자신을 압박할 때도 적지 않지. 이런 경우는 TV 광고와 달리 스스로 통제할 수 있어.

먼저 네 머릿속을 떠도는 부정적인 생각이 무엇인지 파악해보렴. 사람들은 매일같이 이런저런 부정적인 생각을 해. 여중생은 더 심하겠지. 하지만 스스로 잘 인식하지 못하는 데다 소리 내어 말하는 경우도 거의 없어. 그래서 나쁜 생각이 마음속을 휘젓고 다니면서 진실로 둔갑하곤 하지. 그런 현상이 심해지면 네 마음을 솔직하게 말하기가 더 힘들어질 거야.

부정적인 생각은 운동 중에 찾아오는 부상과 비슷해. 빨리 알아차리면 금방 회복하고 더 강해질 수 있어. 그러지 않으면 널 망가뜨릴 수도 있지! 중학생을 괴롭히는 부정적 생각 몇 가지를 살펴보자.

- 함께 뛰고 싶은데, 난 축구를 잘 못해.

- 내 바지가 촌스럽다는데, 그 말이 맞을지도 몰라.

- 모두 나에게 수줍음이 많다고 하니까 난 평생 그럴 거야.

- 선생님이 날 지명하지 않는 걸 보니 싫어하는 게 분명해.

- 나 이 토론주제에 대해 많이 아는데, 저 남자애는 뭐든 다 아나 봐. 난 아닌데….

- 아, 저 애는 아이폰을 좋아하네? 내 안드로이드폰도 꽤 맘에 들었는데 이제 별로 같아….

- 이번 커트 정말 엉망이야. 다들 쳐다보잖아. 그냥 어딘가로 숨어버리고 싶어.

- 그 남자애가 내 고백을 거절했으니 다른 애들도 나를 시시하게 보겠지.

- 이 문제를 틀리다니, 난 수학을 못하나 봐.

- 역사만 제외하면 다른 과목은 다 잘하는데…. 역사 성적이 나쁘다는 건 내가 똑똑하거나 공부를 잘하는 편이 아니라는 거잖아.

하아, 이놈의 근심 걱정! 좋아, 이 악몽 같은 목록을 접고 잠시 숨을 돌려보자.

저런 생각은 다루기가 힘들어. 갑자기 나타나서 머릿속을 온통 차지할 뿐 아니라 때로는 끈질기게 달라붙어서 떨어져 나가질 않으니까. 부정적인 생각을 완전히 끊기는 어렵지만, 스스로 받아들이지 않겠다고 선택하면 돼.

이런 생각들을 사라지게 도와줄 여덟 가지 '진짜 진실'을 알려줄게.

진짜 진실

1. 영원한 건 없어. 이 목록에는 '절대', '영원' 같은 단어가 자주 등장하지만 아무것도 '절대'적이거나 '영원'하지 않아. 사람들이 계속 변하듯 너 역시 충분히 바뀔 수 있고 성장할 수 있어! 예를 들어 지금 네가 축구를 잘 못한다 해도 배우면 잘할 수 있어. 누구에게나 시작이 필요한 법, 날 때부터 축구선수인 사람이 어디 있겠니.

2. 한 사람의 의견이 전부는 아니야. 살다 보면 잘해주는 사람을 아주 많이 만날 테지만, 그렇지 않은 사람도 만나게 돼. 어떤 사람은 네가 숫기 없다고 생각하는 반면, 어떤 사람은 네가 자리를 환히 빛내주는 존재라고 생각할 거야. 누군가는 네 바지를 싫어하겠지만 누군가는 맘에 들어 해. 모든 면에서 그렇게 제각각이니까, 다른 사람의 부정적인 의견과 행동은 가려서 받아들이는 게 좋아.

3. 다른 사람의 마음을 읽지는 못해. 가끔 상대의 마음을 오해할 때가 있어. 선생님이 지명하지 않았다고 해서 널 싫어하는 것은 아니야. 그저 네가 손을 든 걸 못 봤는지도 모르잖아. 아니면 네가 답을 아는 걸 눈치챘지만 집중이 필요한 다른 친구를 시켰을 수도 있어. 선생님 속을 어떻게 알겠니? 이렇게 상대의 속마음을 읽을 수 없는데도 자꾸 최악의 상황만 생각한다면, 위험을 무릅쓰기가 두렵기만 할 거야.

4. 네 의견도 다른 의견 못지않게 중요해. 누군가가 무척 똑똑하거나 인기가 많거나 자신만만해도, 그 사람의 기분이 네 기분보다 중요하지는 않아. 다시 말해, 학교에서 제일 인기 많은 여자애가 자기 아이폰을 좋아하고 자랑하든 말든 넌 네 안드로이드폰을 계속 좋아해도 된다는 얘기야!

5. 다른 사람에게 네 감정을 빼앗기지 마. 어떤 여자애를 다 같이 '싫어하는' 상황이 생겼다고 해보자. 가만 생각해보면 이상하지 않니? 그 느낌을 한번 돌이켜볼 필요가 있어. 친구들의 의견에 거북함을 느껴도 그냥 따르는 편이 더 쉽겠지. 하지만 그렇게 하면 자기표현의 달인이 아니라 남들 의견을 추종하는 사람이 될 뿐이야! 네 느낌에 집중해야 해.

6. 너만큼 너에게 비판적인 사람은 없어. 사람들은 대부분 자기 생각에 푹 빠져 있어서 널 조목조목 비판할 시간이 별로 없단다. 그렇게 생각하면 좀 자유롭지 않니?

7. 실수 하나 했다고 세상이 끝나지는 않아. 실수는 그냥 실수일 뿐이야. 한 과목의 성적이 나빴다고 해서 너라는 사람이 바뀌거나 능력이 사라지는 건 아니잖아. 살다 보면 실수는 어느 때고 하게 돼 있어. 이때 중요한 것은 실수에서 배워 발전하는 거야.

8. 넌 완벽하지 않지만, 그래도 괜찮아. 하지만 이런 얘기를 아무리 들어도 불완전한 자신을 선뜻 받아들이기는 힘들겠지. 그래도 명심하렴, 완벽한

사람은 없다는 걸 말이야. 수학에 뛰어나지는 않지만 다른 과목을 잘한다면 넌 아주 정상이야. 100퍼센트 완벽해질 순 없거든. 그리고 사실, 가능하다 해도 그다지 재미있는 일은 아닐 거야.

부정적인 생각에서 탈출하기

다음 표의 왼쪽에는 앞서 소개한 부정적 생각 중 일부를 넣었어. 오른쪽은 그 생각을 그만두게 해줄 '진짜 진실'이야.

부정적 생각	이런 생각을 그만두게 해줄 '진짜 진실'
나 이 토론주제에 대해 많이 아는데, 저 남자애는 뭐든 다 아나 봐. 난 아닌데….	3, 5
선생님이 날 지명하지 않는 걸 보니 싫어하는 게 분명해.	3, 5
그 남자애가 내 고백을 거절했으니 다른 애들도 나를 시시하게 보겠지.	1, 2
이번 커트 정말 엉망이야. 다들 쳐다보잖아.	3, 5
이 문제를 틀리다니, 난 수학을 못하나 봐.	7, 8

이 밖에도 너만의 부정적 생각이 있니? 종이 한 장을 꺼내서 그 생각들을 모두 적고, 이 표에서처럼 도움이 될 만한 '진짜 진실'을 옆에 채워 넣어 봐!

자기표현을 삼가야 할 때

물론 자기표현이 늘 최우선은 아니야.
사소한 싸움이나 모든 토론에 무작정 끼어들 필요는 없어.
뭔가 생각난다 해서 무조건 말하면 아무도 귀를 기울이지 않겠지!

어떤 상황에서 참아야 하는지 알려줄게. 자기표현을 해나가는 과정에서 우선 네가 참여할 전투를 고르는 것도 아주 중요하거든. 너 자신이나 다른 사람에게 도움이 된다고 판단될 때만 자기표현이 필요해. 쓸데없이 분란을 일으키거나, 상대의 감정을 상하게 하거나, 낄 자리가 아닌데 끼어드는 경우는 피해야겠지!

쉽게 시작할 수 있는 예를 들어볼게.

자기표현을 해야 할까?

한다	하지 않는다
친구가 널 지나치게 놀릴 때	친구 옷이 별로일 때
엄마가 네 기분을 상하게 할 때	엄마 헤어스타일이 이상할 때
숙제하는 데 선생님 도움이 필요할 때	선생님이 썰렁한 농담을 할 때
친구가 괴롭힘을 당할 때	넌 로버트에게 들었고, 로버트는 클로에에게 들었고, 클로에는 온라인에서 봤는데 네가 모르는 어떤 사람이 괴롭힘을 당한다고 할 때

머릿속에 떠오를 때마다 말을 한다고 자기표현은 아니야. 예를 들어 다른 사람이 입은 옷이 안 어울린다고 지적하거나, 친구 뒤에서 험담을 하거나, 여러 사람을 거쳐 들려온 소문을 퍼뜨리는 일은 자기표현과 거리가 멀어. 머릿속에서 "이건 잘못됐어"라거나 "난 그것을 진심으로 원해" 같은 목소리가 울릴 때, 그 목소리가 중요하다는 생각이 들면 행동에 옮기는 것이 자기표현이야.

현실 체크

누군가에게는 자기표현이 사치일 거야. 자기감정을 탐구할 시간이나 마음의 여유를 모두가 가지고 있는 건 아니니까. 동생을 돌보거나, 집안일을 돕거나, 가족 중 누군가의 문제로 고민하면서 다른 일에 정신을 쏟아야 하는 친구도 있지. 분위기상 자기표현이 쉽지 않은 가족이나 문화권도 있어. 이 책에서 네 현실과 동떨어진 듯한 내용을 접하더라도, 몇 가지 근본적인 진실은 모두에게 적용된다는 걸 이해하길.

넌 감정과 욕구를 지닌 존재야. 어떤 감정을 가질 권리는 물론, 그 감정을 표현할 자격도 가지고 있지. 누군가를 다치게 하거나 심각한 문제를 일으키지 않는 한 말이야. 네가 처한 여러 가지 상황 탓에, 자기표현을 하는 건 고생을 사서 하는 일이라는 생각도 가끔 들 거야. 하지만 도움이 될 만한 교훈을 골라서 받아들이고, 가능한 한 열심히 시도하면서 어른이 될 때까지 노력해보렴. 네 목소리에는 그만한 가치가 있어!

언제 자기표현을 해야 하고, 언제는 안 하는 게 나은지 잘 모르겠다면 예의를 지킨다는 원칙만 기억해. 다른 사람을 짓누르는 데 자기표현의 힘을 사용해선 안 되거든. 자신을 지키기 위해 네 생각을 표현하는 것이지 다른 사람의 삶이나 선택에 끼어들려는 것은 아니니까. 그 사람이 다른 누군가를 해치지 않는다면 각자 살아가는 방식을 인정해줘야 하잖아!

자기표현을 한다 해서
누가 신경이나 쓰겠어?

좋은 질문이야! 앞서 말한 세 가지 이유, 즉 괴롭힘당하는 친구를 돕거나 네가 원하는 것을 얻거나 존중을 받거나 등에 공감되지 않는다면, 이건 어때? 자기표현을 하지 않으면 결국 후회하게 된다는 것.

지금은 터무니없는 소리 같겠지만, 중학교 시절은 평생 기억에 남기 마련이야. 말다툼, 못된 아이들, 당황했던 일, 쓸데없이 심하게 집착했던 대상…. 그리고 때로는 무척 힘들었던 순간도 떠오르겠지. 사실 많은 어른이 중학교 때 인생에서 가장 당황스러운 경험을 했다고 얘기하곤 해. 자기표현이 필요하다고 생각하면서도 하지 않았다면, 시간이 흐른 뒤에도 계속 생각이 날 거야. 아마 후회와 함께겠지. 네가 지금 보내고 있는 매일매일은 평생 잊히지 않는 기억이 될 거야.

어른들에게 이런 질문을 해보자

- 중학교 시절을 어떻게 보냈나요?
- 중학교 때 가장 기억에 남는 일은 무엇인가요?
- 가장 좋았던 기억은 무엇인가요?

- 그 시절 후회되는 일이 있나요?
- 제가 중학생일 때 꼭 경험해야 할 일이 무엇이라고 생각하세요?

잊지 마, 지금 너는 좋은 기억도 만드는 중이라는 걸. 새로운 눈으로 세상을 바라보면 지금 무척 흥미진진한 시기를 지나고 있다는 사실을 깨닫게 될 거야. 초등학생은 어른 말이라면 무턱대고 믿잖아. 하지만 넌 이제 어른이 항상 옳지는 않다는 사실을 배우기 시작했어. 주변 세상을 완전히 새로운 관점에서 생각하고, 평범한 일상 외에도 인권이나 가난, 환경 같은 더 큰 문제를 고민하기 시작했지. 갈수록 친구 관계가 더욱 깊어지고, 더 어려운 책을 읽게 되고, 복잡한 질문을 하게 돼.

넌 근본적으로 너 자신이 되는 과정에 들어섰어. 중학교 때는 일단 최고로 멋진 너를 찾는 일이 제일 중요하단다.

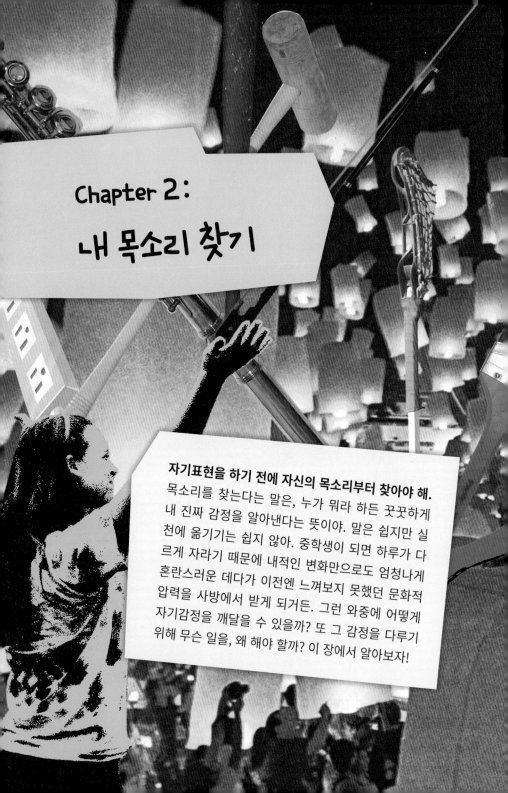

Chapter 2:
내 목소리 찾기

자기표현을 하기 전에 자신의 목소리부터 찾아야 해. 목소리를 찾는다는 말은, 누가 뭐라 하든 꿋꿋하게 내 진짜 감정을 알아낸다는 뜻이야. 말은 쉽지만 실천에 옮기기는 쉽지 않아. 중학생이 되면 하루가 다르게 자라기 때문에 내적인 변화만으로도 엄청나게 혼란스러운 데다가 이전엔 느껴보지 못했던 문화적 압력을 사방에서 받게 되거든. 그런 와중에 어떻게 자기감정을 깨달을 수 있을까? 또 그 감정을 다루기 위해 무슨 일을, 왜 해야 할까? 이 장에서 알아보자!

넌 누구니?

이 질문은 답하기가 참 간단해 보여. 물론 넌 너지! 네게는 이름, 주소, 가족, 가장 좋아하는 과목, 취미, 즐겨 보는 TV 프로그램, 애완동물 등이 있잖아. 이 모든 것이 네가 누군지를 결정하는 데 중요한 요소가 되지.

하지만 네가 가진 것은 그보다 훨씬 많아. 대화를 할 때 이름과 주소, 학과목 따위만 계속 이야기하니? 당연히 아니지! 수많은 주제로 대화하면서 감정, 생각, 성격, 자신감, 유머 등 온갖 사소한 것을 덧붙여 자신을 표현하지. 그것으로 남과 구별되는 네가 만들어지고 말이야. 그러니까 "넌 누구니?"라는 질문에 대한 답은 아주 복잡해.

사실 어른에게도 상당히 까다로운 질문이야. 그러니 중학생인 너한테는 얼마나 어렵겠니. 앞서 얘기했듯이 네 두뇌는 지금 대대적인 리모델링 공사를 하고 있어서 이 질문에 대한 답 역시 아직 완성되지 않았다고 할 수 있어.

그래도 네 안에는 분명 끊임없이 발전하는 아주 강한 네가 존재해. 그 사람을 발견하고 귀를 기울이면 네가 누군지 이해할 열쇠를 찾을 수 있어.

그럼 검증된 연습문제를 풀면서 시작해보자.

연습문제: '나는 누구지?'

자연스럽게 답을 떠올려봐. 너무 깊이 생각하지 말고, 머릿속에 처음 떠오르는 답을 말하면 돼.

1. 스스로 가장 마음에 드는 부분은…

2. 개선할 점은…

3. 부모님께 하고 싶은 말은…

4. 내 신경을 긁는 일은…

5. 세상에서 가장 좋아하는 것은…

6. 내가 제일 바라는 것은…

7. 가장 감사하게 생각하는 일은…

8. 당황했을 때 나는…

9. 자랑스러울 때 나는…

그것 봐, 넌 단순히 부분을 모아놓은 집합이 아니지? 여러 의견과 다양한 감정을 지닌 사람이야. 넌 특별한 아이디어를 내고, 너만의 방식으로 문제를 해결하지. 각 질문에 대한 답도 친구나 형제들과 다를 거야. 그들은 네가 아니거든. 넌 남들과 전혀 다른 눈으로 세상을 보고 있어. 이 모두가 너를 너답게 만들어준단다.

감정의 진실

 중학생에게 감정은 아주 어려운 주제야. 다시 말하지만 넌 어린이와 성숙한 십대 사이에 낀 존재고, 뇌가 활활 불타는 중이니까. 어떨 때는 자기 감정이 모두 이해되고 스스로 완전히 성숙해졌다는 느낌이 들 거야. 그랬는데 느닷없이 초등학생처럼 눈물이 터지기도 해. 마음속으로는 엄청난 혼란을 느끼는데도 어떻게 표현하면 좋을지 모를 때도 있고 말이야. 여럿이 함께 있는데 혼자만 흥분해서 방방 뛰는 자신을 발견하기도 하지. 감정이 눈 깜짝할 사이에 너를 들었다 놨다 어지럽게 해.

 이렇게 슬프고, 화나고, 두렵고, 편안하고, 행복한 감정에 휘둘리다 보면 어떤 대가를 치르게 될지 이미 알고 있을 거야. 감정 사이에서 균형을 잡고 네 마음을 표현해야 하는데, 그러려면 몇 가지 중요한 사실을 알아 두어야 해.

 1. 감정은 항상 합리적이거나 공정하지 않아. 이유 없이 화나거나 슬프거나 행복할 때가 있어. 예를 들어 엄마가 생일 선물로 셔츠를 사주셨는데, 지난주에 네가 사달라고 했던 것인데도 갑자기 셔츠보다 기프트 카드가 갖고 싶어져서 화가 나기도 해. 엄마에겐 억울한 일이지. 네 마음이 바뀐 걸

아실 리가 없잖아! 하지만 네 기분은 이미 어쩔 수 없고, 항상 통제하기도 불가능해. 인간으로서 당연한 일이야.

2. 감정은 선택하기 어렵지만 행동은 선택할 수 있어. 네가 원하든 원치 않든 행복, 슬픔, 분노, 질투 같은 감정은 계속 찾아오기 마련이야. 금방 말했듯이, 그런 감정은 온당하거나 합리적이지 않을 수도 있어. 그런데 어떤 느낌이 들었다고 해서 전광판처럼 이마에 표시가 되는 것도 아니고 무조건 밖으로 드러내야 하는 것도 아니야. 그 감정에 따라 행동해야 할지 어떨지, 행동에 나선다면 어떻게 표현할지를 스스로 선택해야 해. 예를 들어, 생일 선물이 기프트 카드가 아니라서 화난다고 엄마에게 말하고 싶지는 않지? 셔츠가 맘에 든다고 말하고, 내년에는 기프트 카드를 받고 싶다고 얘기하면 돼.

3. 감정은 수시로 변해. 좋은 것이든 나쁜 것이든, 감정은 계속 변하기 마련이야. 어느 순간 친구에게 머리끝까지 화가 났다 해도, 그 애가 정말 끔찍한 일을 저지르지 않은 이상 시간이 지나면 틀림없이 누그러지지. 짝사랑 상대에게 고백했는데 거절당했다면 세상이 완전히 무너지는 느낌일 거야. 하지만 그 절망감도 시간이 지나면 나아져. 좋은 감정도 마찬가지야. 놀이공원에서 친구들과 끝내주게 행복한 하루를 보냈어도 그 감정 역시 희미해질 거야. 그러니 찾아오는 감정을 그대로 느끼고, 즐기거나 즐기지 않으면서 자연스럽게 흐르게 두는 편이 가장 현명해. 두려워할 필요는 없어.

4. 같은 대상에 다양한 기분을 느낄 수 있어. 감정은 흑백으로 구분되지 않아. 같은 일에도 어떤 부분은 좋지만 나머지는 싫을 수 있어. 예를 들어 마인크래프트를 좋아하지만 지루하고 허접한 부분도 있다고 생각하고, 사실 다른 게임을 훨씬 좋아해. 그렇다고 마인크래프트를 싫어한다는 뜻은 아니지. 그냥 그 게임에 다양한 느낌을 받을 뿐이야. 감정이란 것도 원래 그런 식이야. 복합적이거든. 어떤 대상을 한쪽으로만 느껴야 할 필요는 없어. 하나의 대상에 여러 감정이 섞이는 건 당연한 일이니까!

5. 속마음은 그게 아닌데, 자기감정이 어떻다고 머리로 결론짓기도 해. 가끔 보면 친구를 험담하는 아이들 있잖아. 사실은 마음속 깊이 질투가 나서, 자신이 불만족스러워서, 나쁜 감정을 쏟아내고 싶어서 다른 사람을 괴롭히는 거야. 또 이런 일도 있지 않니? 평소에 네가 호감을 가진 사람이 네 새 바지를 칭찬해줘서 행복하다고 느꼈던 일 같은 것. 실은 그 바지를 고른 자신이 자랑스러웠던 거야. 때때로 자신을 살펴보고 스스로 질문해봐. '내 진짜 감정은 무엇일까?' 하고 말이야. 바로 그 지점에서 무엇을 할지 결정하면 돼!

연습문제: '내 진짜 감정은 무엇일까?'

작년에 마음이 상했던 일을 생각해보렴. 친구, 선생님, 부모님 또는 언니가 어떤 행동을 해서 화나거나 슬프거나 당황했던 적이 한두 번은 있을 거야. 힘들더라도 그때 일을 몇 분 동안 진지하게 생각해보고, 감정이 자유롭게 흘러가도록 해봐(안심해, 아무도 널 보고 있지 않아!). 그리고 다음 빈칸을 최대한 채워보자. 이 연습을 더 많이 하고 싶으면 다른 종이를 꺼내서 계속해도 좋아. 틀린 답은 없다는 사실을 잊지 마, 감정이 항상 이치에 맞는 건 아니니까!

_____가 _____ 했을 때 내 기분은 _____했다.
또 _____하고, _____했다.
그중에서도 가장 많이 느낀 점은 _____
_____였다.

네가 이상적인 세상에 산다고 할 때, 감정을 다스릴 가장 좋은 방법은 무엇일까? 어른에게 말하기? 방과 후에 의논하기? 그 사람에게 따로 말하기? 아니면 아무것도 하지 않는 편이 나을까? 다음 문장의 빈칸을 채워봐.

그 감정을 해결하려면 _____해야 한다.

너 vs. 세상

자기표현을 하려면 자신이 어떤 사람인지 속속들이 알아야 해.
세상 사람들이 뭐라고 생각할지를 지나치게 걱정하다 보면,
네 마음을 깨닫고 자기표현을 하기가 힘들어져.

아이패드를 생각해봐. 빛나는 화면에 최첨단 기술이 적용됐지. 집 안 가전제품들을 조정하는 멋진 기능도 있어.

그런데 아이패드가 켜져 있을 때 덮개를 씌워보자. 갑자기 화면의 빛이 사라지겠지. 덮개 탓에 아이패드의 멋진 기능을 볼 수 없어. 덮개 아래에는 빛나는 화면이 존재하지만 네 눈엔 보이지 않아.

자, 이 경우를 너에게 적용해봐. 늘 신경을 곤두세우고 다른 사람이 어떻게 생각할지만 신경 쓰면, 네 장점도 남들의 신념과 감정에 덮여버려. 덮개로 가려진 아이패드 화면처럼, 멋진 너 자신을 세상에 보여줄 수 없겠지.

물론 누구나 조금씩은 남들 시선을 걱정하고, 그러는 편이 좋을 때도

많아. 사람들에게 친절하게 행동하거나, 숙제를 꼬박꼬박 해가거나, 언니나 동생에게 잘해주거나, 교실에서 올바른 행동을 하는 등 '남에게 대접받기 원하는 대로 대접하라'라는 원칙을 지키게 해주니까. 이처럼 기본이 되는 규칙은 모두 신경 쓰고 지켜야 해. 다만, 균형을 잘 잡는 게 중요하지. 친절하고 남을 배려할 줄 알면서도, 부당한 일을 당하거나 무시당할 때는 맞서야 한다는 뜻이야. 너나 누군가에게 도움이 필요할 때는 꼭 목소리를 내야 해.

아무도 네 멋진 내면을 망가뜨리지 못해. 하지만 스스로를 바라보는 시각이나 자신을 세상에 내보이는 정도를 결정할 때는 다른 사람의 영향을 받게 될 거야. 명심할 것은, 그런 의견에 시달리느라 배터리가 방전되거나 전원이 뚝 꺼져버리면 안 된다는 거지.

이런 일을 한번 해보면 어떨까?

무엇이든 좋으니 집안일 하나를 골라서 해보자. 처음에는 하나도 재미없게 들리겠지만, 일단 해봐. 집에서 스스로 일을 하는 거야. 지금까지 한 번도 해본 적이 없고, 부모님이 시키지 않은 일이어야 해. 창고 대청소 같은 지나치게 거창한 일 말고, 부엌 조리대 닦기나 책장에 꽂힌 책 색깔별로 정리하기처럼 작고 합리적인 일이 좋아. 혼자 힘으로 새로운 일을 하는 것은 자기 자신을 돌아볼 좋은 기회란다. 넌 갑자기 집안일에 힘을 보태면서 주변 사물을 어떻게 정리해야 좋아 보일지 생각하게 되고, 네가 사는 공간에 일종의 통제력을 갖게 돼. 게다가 보너스로, 네가 청소하는 모습에 가족들도 놀라고 행복해할 거야!

적대 행동에 맞서기

중학교라는 세상에서 살아가는 동안 너는 수많은 적대 행동에 맞서 싸우게 될 거야. 적대 행동이란 네 기분을 상하게 하는 말이나 행동을 의미해. 사실 가해자들이 모두 나쁜 사람은 아닌 데다, 자기 행동이 무슨 뜻인지 모르는 경우도 있어.

그렇다 해도 그런 행동은 아주 큰 피해를 주지. 그 행동이 무엇인지 인식하지 못하거나 무조건 받아들이고 적응하려고 애쓰다 보면, 다른 사람들의 적대 행동이 네 진짜 감정을 가려버리고 말아.

최악의 적대 행동에 대응하는 방법을 소개할게.

1. 냉담한 태도

어떻게 나타날까: 네게 아무런 잘못이 없는데도, 그들은 너와 어울리기를 꺼리거나 네 말에 귀를 기울이지 않아.

잠재적 피해: 너 자신이 중요하지 않은 사람처럼 느끼게 돼. 하지도 않은 일에 대해 사과하거나 상대의 기분을 띄워주려고 무리하게 되지. 사실 아무리 노력해도 소용없는데 말이야.

현실: 상대가 그런 짓을 계속하든 멈추든, 사실 너랑은 상관없을 가능성이 커. 그 애들은 너뿐만 아니라 다른 사람에게도 그런 식으로 행동하거든. 본인이 다른 사람을 차갑게 대하고 싶다는데 어떻게 말리겠니.

어떻게 할까: 문제는 네가 아니라 그들에게 있다는 사실을 받아들여. 내버려 두고 넌 너대로 생활하면 돼. 이런 적대 행동은 대수롭지 않게 넘기는 게 가장 좋은 방법이야.

2. 만물박사

어떻게 나타날까: 같은 반 친구가 옷이나 최신 음악, 영화 따위에 대단한 전문가를 자청하면서 다른 친구의 의견이나 지식을 무시해. 그뿐이니? 그 애는 너에 대해 너보다 더 잘 안다고 설친다니까.

잠재적 피해: 그 말도 안 되는 소리에 정말 넘어갈지도 몰라! 갑자기 네 지식이나 의견은 아무 의미가 없고 심지어 틀렸다는 생각마저 들게 돼.

현실: 모든 분야에 완벽한 전문가는 없어. 넌 네 감정을 느낄 자격이 충분해. 잊지 마, 누군가 자기 지식에 자신만만한 태도를 보인다고 해서 무조건 그 사람이 옳은 건 아니야.

어떻게 할까: 너만의 의견이 있거나 상대가 말하는 바와 다른 지식이 있다면, 동의하지 않는다고 예의 바르게 말하면 돼. 상대가 네 말을 따르지 않는다고 낙심할 필요는 없어. 어쨌든 걔는 자칭 '전문가'잖니!

3. 전형적인 괴롭힘

어떻게 나타날까: 괴롭힘은 다양한 형태를 보이지. 교실에서는 물론이고 강당이나 심지어 온라인에서도 일어나. 말로도 신체적으로도 나타날 수 있는데, 어떤 형태를 취하든 무척 해로워.

잠재적 피해: 무력감을 느끼게 되고, 모욕을 받아들이게 돼. 특정 수업이나 특정 장소를 피하고 싶어져.

현실: 괴롭히는 아이는 너와 상관없이 개인적인 문제를 겪고 있을 거야. 괴롭힘을 당할 땐 화를 내도 돼. 네겐 학교 내 모든 장소에서 안전하다고 느낄 권리가 있단다.

어떻게 할까: 누군가의 행동 탓에 너나 네 주변의 누군가가 불편해하고 불안을 느낀다면, 담임 선생님이나 상담 선생님, 주변 어른에게 말하렴 (100쪽을 참고해).

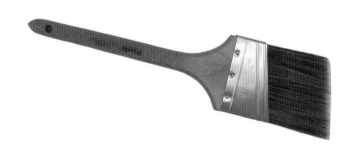

4. 뱀파이어처럼 피 말리는 행동

어떻게 나타날까: 누군가 네 시간과 에너지를 엄청나게 소모시켜. 문자나 이메일을 너무 많이 보내거나 항상 함께 시간을 보내고 싶어 해. 네가 좋은 친구라는 사실을 수없이 보여줬는데도, 어쩌다 네가 다음에 보자거나 다음에 얘기하자고 하면 막 화를 내지.

잠재적 피해: 그동안 넌 이 친구를 달래느라 정신이 없었을 거야. 그 애가 조르는 바람에 허용량이 넘는 문자메시지를 보내가며 힘들어했겠지. 최악의 경우, 더는 재미있지도 유익하지도 않은 연인 관계나 친구 관계에 휘말려 불행의 구렁텅이에 빠질 수도 있어.

현실: 뱀파이어를 달랠 수는 없어! 그 갈증은 절대 가시지 않아! 이런 행동이 심해지면 넌 미쳐버릴 거야.

어떻게 할까: 넌 독립적인 인간이지 먹어치울 음식이 아니라는 사실을 알려주고, 네 할 일을 하면 돼. 집착이 도를 넘으면 네가 현명하게 거리를 둬야 해.

자신감

'자신감'이라는 말을 많이 들어봤을 거야. 부모님이나 선생님이 항상 얘기하시잖아. 광고 카피에서도 많이 접할 수 있고, 연예인들도 TV든 잡지든 카메라가 돌아가는 데선 언제나 그런 말을 하지. 2014년에는 구글이 유튜브 캠페인으로 이런 메시지를 전파한 적이 있어. "자신감을 액세서리처럼 몸에 꼭 지니세요!" 엠마 스톤은 주간지 〈피플〉과 인터뷰하면서 이렇게 말했지. "(아름다움의) 유일한 열쇠는 자신감이에요!" 유명한 화장품 브랜드인 메이블린은 최근 눈 화장, 볼 화장, 립스틱 제품군에 이런 설명을 붙였어. "강하고 자신만만한 여성을 위한 강력하고 오래가는 메이크업."

이건 우리 사회가 발전한다는 좋은 신호야. 한 세대 전까지만 해도 '자신감'이라는 단어가 소녀들에게 사용되는 경우는 눈 씻고 봐도 찾을 수 없었거든. 그런데 지나친 것도 좋지만은 않은 것 같아. 요즘 이 단어가 너무 자주, 너무 다양하게 사용되는 바람에 사람들은 자신감의 진정한 의미를 잊어버렸어.

멋진 여성인 엠마 스톤이 한 말처럼 자신감은 열쇠야. 특히 자기 마음을 표현할 때는 더욱 그렇지. 하지만 정말 자신감이란 무엇일까? 어떻게 생겼을까? 자신감이 자기표현과 어떻게 연결될까?

간단히 말해서 자신감은 주변에서 뭐라고 하든 자신과 자기 느낌을 믿는 능력이야. 친구가 동의하지 않아도, 선생님이 틀렸다고 말해도, TV 광고에서 실제 네 모습과 다른 사람이 되라는 말이 흘러나와도 자신감 있는 사람은 자기 생각과 기분과 의견을 버리지 않아. 그런 사람의 뇌에선 다른 목소리가 아무리 물밀듯 들어와도 자기 목소리가 가장 크게 울리지.

네 안에 자신감이 있으면, 자기표현을 할 가능성이 훨씬 커진단다. 어쨌든 말하려는 대상에 믿음이 있어야 솔직해지기가 훨씬 쉽지 않겠니?

자 그럼 네가 완전히, 100퍼센트 확신하는 일을 떠올려봐. 예를 들어 '초콜릿은 정말 맛있어'라고 하자. 이 주장에 반대하는 사람이 있을까 싶지만, 어쨌든 상상해보는 거야. 대화를 한다면 이런 식으로 진행되겠지.

너: 초콜릿이 최고야.

친구: 미쳤어? 아니야.

너: 내가 왜 미쳐? 초콜릿이 얼마나 맛있는데!

친구: 아무도 그렇게 생각 안 해! 너 정말 이상하다!

너: 나보고 이상하대도 상관없어. 난 초콜릿이 정말 맛있다고 생각해.

친구: 아, 몰라. 너 진짜 별나다.

이제 초콜릿을 조금 더 어려운 대상으로 바꿔보자. 예를 들어 친구 중에 영화 〈다이버전트〉 시리즈를 좋아하는 사람은 너밖에 없다고 해보자. 이번에도 초콜릿 토론을 할 때처럼 자신만만한 태도로 접근해야 해.

너: 나 〈다이버전트〉 시리즈 엄청 좋아해.

친구: 말도 안 돼! 너 제정신 아니지. 어, 정말 그런가 봐.

너: 얼마나 재미있는 영환데!

친구: 전혀! 세상에, 그런 걸 좋아하다니 믿을 수가 없네.

너: 좋아하는 정도가 아니야. 완전히 사랑해! 너도 꼭 봐!

이제 좀 더 어려운 장면으로 넘어가 보자. 친구가 다른 애와 싸웠는데, 사실 그 문제에서 너도 친구 편이 아니야.

친구: 나 지금 정말 화가 나고… 어쩌고저쩌고… 미치겠어. 어떻게 나한테 그런 말을 해?

너: 화난 건 이해하는데, 그렇게 심각하게 생각할 일은 아닌 것 같아. 걔 착한 애 잖아. 너희는 제일 친한 친구고!

친구: 진심이야? 걔가 나한테 뭐라고 했는지 들었어?

너: 그래, 하지만 그렇게 나쁜 뜻으로 한 말 같진 않아. 싸우지 말았으면 좋겠어.

친구: 아, 몰라.

너: 너랑 내가 생각이 다르니 어쩔 수 없지. 하지만 웬만하면 꼭 화해해.

여기서 친구는 네 의견에 아주 격하게 반응했어. 네가 자기 의견에 자신이 없었다면 한발 물러나서 친구 말에 무조건 맞장구쳤겠지. 하지만 자신이 있었기 때문에 친구의 맞은편에서, 그리고 평화의 편에서 네 생각을 말했어. 자랑스러운 일이야!

이렇게 책에서 읽으니 쉬워 보이지만, 사실 초콜릿 수준으로 완벽하게 확신할 만한 일이 얼마나 있겠니? 주변에서 다들 부정적인 반응을 보인다면 너 혼자 완벽하게 확신하기는 더 쉽지 않은 일이지. 누구나 긴가민

가할 때가 있고, 그건 당연한 일이야. 그런 상황에서도 자신감을 키울 수 있는 몇 가지 방법이 있어.

1. 될 때까지 되는 척하기. 자신 있는 척을 하면 실제로 자신감을 느끼는 데 도움이 돼. 그런 행동 자체가 연습이 되고, 자기표현을 해도 하늘이 무너지지 않는다는 사실을 깨닫게 되거든. 페이스북 최고운영책임자(COO)인 셰릴 샌드버그(Sheryl Sandberg)는 성인 여성에게 자기표현을 하라고 기회만 되면 강조하는 분이야. 그녀는 "두려움을 느끼지 않는다면 무엇을 할 것인가?"라고 자신에게 물어보라고 했어. 너도 한번 해봐!

2. 사과하지 않기. 여자들은 남자에 비해 사과를 더 많이 하는 경향이 있어. 사과할 일도 아닌데 말이야. 의견을 말하면서 사과하고, 필요한 것을 요구하면서 사과하고, 심지어 누가 와서 부딪히거나 갑자기 끼어드는데도 사과를 해. "제가 이걸 그렇게 잘하는 편은 아니지만…"이라거나 "제가 무슨 말을 하는지 잘 모르겠는데…"처럼, 말을 시작할 때부터 한발 빼는 경우도 많아. 하루에 몇 번이나 사과를 하는지 한번 세어봐. 아마 깜짝 놀랄 거야. 왜 사과했는지도 자꾸 따져보렴. 그 상황에서 정말 사과가 필요했던 거야, 아니면 그냥 반사적으로 사과한 거야? 정말 뭔가를 잘못했는지, 아니면 습관처럼 사과하는지 자기 모습을 살펴보자.

3. 자신 있는 몸에 자신감이 깃드는 법이야. 단순히 자세를 바꾸기만 해도 자신감을 키울 수 있어. 똑바로 앉거나 몸을 쭉 펴고 자리를 많이 차지하

는 자세를 취하면 자신감이 높아진다는 사실이 과학적으로도 증명됐어. 고개를 들고 걸으면 당당해질 거야!

4. 너무 많이 자문하지 않기. 많은 사람이 자기표현을 하기 전에 속으로 이런저런 질문을 해. '내 생각이 맞을까?', '내가 이런 일을 해도 될까?', '다른 사람의 기분이 상하지 않을까?', '내가 바보처럼 보이지 않을까?' 등 끝도 없지. 안타깝게도 이렇게 의심에 사로잡히면 자신감이 점점 쪼그라들고 말아. 이런 질문을 항상 끊어내기는 어렵지만, 무조건 받아들이기보다는 비판적으로 바라봐야 한다는 사실을 기억하렴.

5. 가끔 불확실해도 괜찮아! 앞서 살펴본 시나리오 중 〈다이버전트〉 시리즈를 정말 좋아하는지 아닌지, 친구가 다툰 이유에 공감이 되는지 안 되는지 100퍼센트 확신하기 어렵다고 하자. 〈다이버전트〉 시리즈 전체가 아니라 1편만 좋아할 수도 있고, 친구들이 다투는 데 약간 의아함을 느꼈을 수도 있지. 그래도 그런 기분이 들었던 건 사실이잖니? 감정이 복잡해질 수 있다는 사실만큼은 100퍼센트 확신할 수 있어!

믿기 어렵겠지만, "네 말이 맞는지 잘 모르겠어", "그 일에 대해서 내 기분은 좀 복잡해", "여기에는 여러 가지 측면이 섞여 있는 것 같은데" 등의 말도 자신감 있는 표현이 될 수 있어. 자기 말에 믿음을 갖는다면 답이 보일 거야.

자신감 vs. 무례함

　남들에게 잘난 척하는 사람으로 비치거나 자신감이 지나쳐 보이고 싶어 하는 사람은 세상에 없을 거야. 나중에 후회할 걸 알기 때문이지. 특히 여학생은 무례하거나 못됐거나 까다로운 사람으로 보일까 두려워서 아예 처음부터 자신 없어 하는 경우가 많아.

　무례함에 해당하는 경우와 아닌 경우를 구분해봤어.

무례한 경우	무례하지 않은 경우
사람들을 깎아내리려고 일부러 자기 재능이나 지식을 이용하기	자주 손 들기
아무 이유 없이 규칙 어기기	친구나 선생님, 부모님께 동의하지 않는다고 말하기
자기가 완벽하다고 말하기(완벽한 사람은 있을 수 없는데)	학교 연극 오디션이나 학생회 임원 선거 등에 도전하기
하지도 않은 일의 공을 차지하기	자기 성과를 자랑스럽게 여기기
자기가 틀릴 가능성을 인정하지 않기	특정한 감정 느끼기(질투, 화, 경쟁심, 자랑스러움…. 어떤 기분이든 마음껏 느끼면 돼. 그냥 감정이잖아!)

내 이야기

내가 중2 때 얘기야. 부모님이 안 계실 때, 고등학생이던 사촌 언니가 우리 집에서 파티를 열었어. 요란한 파티는 아니었지만, 하필 부모님께서 외출한 주말이었지. 부모님은 친하게 지내던 이웃 올리비아 이모에게 집을 봐달라고 부탁했고, 밤이 되자 이모와 나는 각자 잠자리에 들었어. 몇시인지는 잘 모르겠어. 아주 늦은 시각, 막 잠이 들려는데 열 명쯤 되는 고등학생이 쳐들어왔고 쿵쿵 음악이 울리기 시작했어. 무슨 일이 벌어지고 있는지 깨닫고 나니까 무엇보다 올리비아 이모에게 너무 미안하더라. 이모도 나이가 어린 편이었고 주말을 조용하게 보내고 싶었을 텐데. 게다가 우리 부모님 부탁을 들어준 것뿐이잖아.

그래서 내가 어떻게 했을까? 쿵쾅쿵쾅 계단을 내려가서(괴상한 잠옷을 입고) 과감하게 음악을 꺼버렸어. 그리고 이렇게 소리 질렀지. "조용히 좀 해, 올리비아 이모가 자려고 한단 말이야!" 비디오테이프가 지직거리며 멈춘 듯한 순간이었어. 나는 말없이 날 쳐다보다가 비웃는 고등학생들을 겁에 질린 채 바라봤어. 웃는 사람도 있었고 날 불쌍하다는 듯 바라보는 사람도 있었는데, 그 와중에 누군가 음악을 다시 켜더군.

나 자신이 바보처럼 느껴지더라. 그 고등학생들에게 나는 좋은 시간을 망치려고 하는, 괴상한 잠옷을 입은 괴상한 여자애일 뿐일 테니. 게다가 내 말이 먹히지도 않았잖아. 창피해서 계단을 뛰어 올라와 헤드폰으로 귀를 막고 애써 잠을 청했어. 얼마 안 가 파티는 끝났어. 나중에 올리비아 이모가 부모님께 이 얘기를 했고, 부모님은 사촌 언니를 향해 혀를 끌끌 찼지.

그 후 오랫동안 나는 그 순간을 무척 부끄럽게만 생각했어. 그렇잖아, 내가 보기엔 고등학교에서 제일 잘나가는 언니 오빠들 앞에 잠옷을 입고 서다니 얼마나 창피해. 결국 아무 소득도 없었고.

그런데 말이야. 그때가 내 인생에서 가장 멋진 순간은 아닐지 몰라도, 확실한 것이 하나 있어. 그 고등학생들은 난봉꾼 같은 짓을 했고, 올리비아 이모는 그런 상황에 대처할 여유가 없었고, 난 옳은 일을 하려고 최선을 다했다는 거지. 평소 자기표현을 별로 하지 않던 아이에겐 꽤 용감한 행동이었거든. 지금은 그때를 무척 자랑스럽게 생각해. 잠옷도 그렇게까지 괴상하진 않았고 말이야.

퀴즈: 넌 어떤 분야에 탁월하니?

1. 가장 잘하는 것은	
A. 공연이나 예술 분야	B. 학과 공부
C. 운동	D. 이 모두!

2. 옷 입는 스타일은	
A. 최신 유행을 따라서 멋있게	B. 눈에 띄지 않게
C. 편하게	D. 가능한 한 다양한 스타일로!

3. 친구들 사이에서 나는	
A. 재미있는 애	B. 똑똑한 애
C. 말괄량이	D. 이 모두!

4. 처음 보는 사람과 대화할 때 나는	
A. 활발해, 특히 뭔가 창조할 때	B. 예의 바르고 약간 수줍음을 타
C. 거칠기는 하지만 재미있어	D. 시끄럽게 떠들어, 그게 자랑스럽고!

5. 가장 좋아하는 동물은	
A. 공작	B. 고양이
C. 사자	D. 이 모두! 너무나 사랑스러워!

6. 가장 완벽한 주말이란	
A. 댄스파티!	B. 가족과 집에서 보내기
C. 친구들과 밤새우기	D. 처음 가보는 곳으로 여행하기

7. 배우고 싶은 것은	
A. 노래를 아주 잘하는 방법	B. 나만의 컴퓨터 조립하기
C. 세상에서 가장 빠르게 달리기	D. 당연히 이 모두지!

A가 가장 많다면

넌 비욘세*야! 넌 정말 멋진 여자란다. 다른 사람들이 볼 때 함께 어울리면 재미있고, 특히 예술적인 분야에서 반짝반짝 빛나지. 넌 어디에 있든 돋보이고 관심받기를 좋아하는데, 그 관심도 네가 원하는 방향이어야 해. 친절하고 주변을 잘 돌보면서도 사람들이 널 함부로 대하게 내버려 두지 않아. 넌 무엇이든 스스로 선택할 거야.

★ 미국의 가수이자 영화배우로, 여성이 목소리를 내는 문제에 관해 많이 노래함-옮긴이

B가 가장 많다면

넌 엠마 왓슨*이야! 관심받기를 좋아하지는 않지만, 사실 그 점이 널 더욱 돋보이게 해! 널 좋아하려면 시간이 좀 걸리지만, 일단 가까워지면 아주 끈끈한 사이가 되지. 기분 나쁘게 하거나 상처 주는 사람들과는 잘 가까워지지 않고, 다른 사람들을 따라 최신 유행을 무작정 좇지도 않아. 멋진 신발을 사기보다는 좋은 성적을 올리고 싶어 하지. 생각해봐, 신발이 좋은 대학에 데려다주지는 않잖아!

★ 영화 〈해리포터〉에 출연한 영국 배우로, 2014년 UN 여성 친선대사로 위촉됐고 여성 인권 신장 활동을 하고 있음-옮긴이

C가 가장 많다면

넌 알렉스 모건*이야! 넌 운동선수이거나 적어도 운동에 소질이 있어. 원하는 걸 얻기 위해 과감하게 시도하고 사소한 도전을 두려워하지 않아. 네 추진력과 야망에 겁을 먹는 사람들도 있지만, 넌 아랑곳하지 않고 철저히 목표에 집중하지. 하지만 속마음은 아주 부드러워서 마음속 깊이 아끼는 친구들이 많아. 단, 호들갑 떠는 건 싫어하지.

　　★ 미국 축구선수로, 2011년 FIFA 독일 여자월드컵 미국 국가대표였음-옮긴이

D가 가장 많다면

넌 제니퍼 로런스*야! 사람들은 널 사랑해. 사교계의 여왕이고 학교 활동에 활발하게 참여하지. 친구가 아주 많고, 다들 네가 무척 유쾌하다고 생각해. 호기심이 많고 에너지가 넘치거든. 속으로는 자기 재능과 취미를 아주 소중하게 생각하고, 또 아주 다양한 분야에 관심을 두고 있어. 넌 무엇이든 한 번쯤은 시도할 거야! 또, 누가 기분을 상하게 하면 적극적으로 반응하지. 친구는 또 사귀면 되니까.

　　★ 영화 〈헝거게임〉에 출연한 미국 배우로, 여배우 가운데 세계에서 가장 많은 출연료를 받는다고 알려져 있음-옮긴이

A, B, C, D가 골고루 섞여 있다면

넌 비욘세-엠마-알렉스-제니퍼야! 이 멋진 여성들을 섞어놓은 슈퍼 영웅이지! 복잡하더라도 관심 있는 분야라면 조금씩 다 시도하고 싶어 해. 똑똑하고, 모험심과 경쟁심이 강하고, 창조적이야. 친구가 많지만 가끔은 혼자 조용히 시간을 보내고 싶어 해. 어느 한 집단에만 얽매이는 건 싫어하지. 가끔 학교생활이 힘들어도, 지금 배우는 것들이 살면서 언젠가는 도움이 된다는 사실을 잘 알아.

자기표현이 역효과를 낳을 때

그래, 자기표현을 했지만 계획대로 잘 풀리지 않았다고 하자. 아무도 귀를 기울이지 않거나, 웃음거리가 됐거나, 의도치 않게 갈등을 일으켰거나, 심각한 경우에는 문제에 휩쓸릴 수도 있어. 이런 역효과가 생기면 비참해지고 '처음부터 아무 말도 하지 말걸' 하고 후회가 되기도 해. 엄청나게 창피하기도 하지.

'창피함'은 자기표현을 가로막는 아주 무서운 존재야. 바보가 된 것 같고 벌거벗은 느낌이 들 수도 있는데, 그런 위험을 무릅쓰고 나서기는 정말정말 힘들어. 하지만 창피를 당할까 두려워서 물러서기 전에, 네가 꼭 기억해야 할 몇 가지 사실이 있어.

1. 자기표현이 효과 없었다고 해서 네가 틀렸다는 뜻은 아니야. 29쪽에서 말했던 감정 규칙, '다른 사람에게 네 감정을 빼앗기지 마' 기억하니? 그 규

칙은 여기에도 적용된단다. 네가 자기표현을 했는데 사람들이 기대만큼 반응하지 않았다고 해서 자기표현 자체가 잘못은 아니야. 가끔 의견 차이가 존재한다는 뜻일 뿐이고, 그런 상황은 원래 대처하기 힘든 법이야. 부끄러워할 필요는 전혀 없어.

2. 넌 옳은 일을 했어. 자랑스럽게 생각해도 좋아! 자기표현을 하고 나서 원하는 결과를 얻지 못해도, 옳은 일을 했다는 사실을 떠올리고 자신감을 가져.

3. 역사적인 위인들도 자기표현을 했지만 늘 생각대로 되지는 않았어. 사람들은 아인슈타인한테 미쳤다고 했어. 열일곱 살에 노벨평화상을 받아 역대 최연소 수상자가 된 말랄라 유사프자이(Malala Yousafzai)는 어떻고! 그녀가 조국 파키스탄의 여성을 위해 목소리를 높였을 때는 생명의 위협도 받았단다. 이들이 수치스럽거나 힘들다고 포기했다면 어떻게 됐을까? 아마도 세상이 지금과는 많이 다를 거야.

4. 자신에게 물어봐. 화가 나진 않았니? 가끔 다른 사람 때문에 실망해서 화가 났을 때, 그 감정을 자신에게 돌려서 자격지심을 느끼는 경우가 있어. 이상한 반사작용이지만 매우 흔한 일이야. 다른 사람보다 자신에게 화를 내는 게 더 쉽고 간단한 일이거든. 예를 들어 친구가 약속 시간에 늦는 바람에 오랫동안 기다렸다고 하자. 강아지가 온종일 문 앞에서 기다리듯 한참을 기다리면서 당황했을 거야. 그러다 자기 자신에게 화를 내

게 되기도 하지. 그렇지만 사실 그냥 친구가 늦어서 화났을 뿐이잖아? 연락도 없이 늦는 건 충분히 화낼 만한 일이지.

5. 그렇다고 해서 정말, 진실로, 세상이 끝나는 건 아니란다. 사람들은 생각보다 훨씬 빨리 잊어. 너는 부끄러워 죽을 지경이겠지만, 며칠만 지나면 사람들은 무슨 일이 있었는지 기억도 못 할 거야. 왜냐면 다들 살기 바쁜 세상이거든.

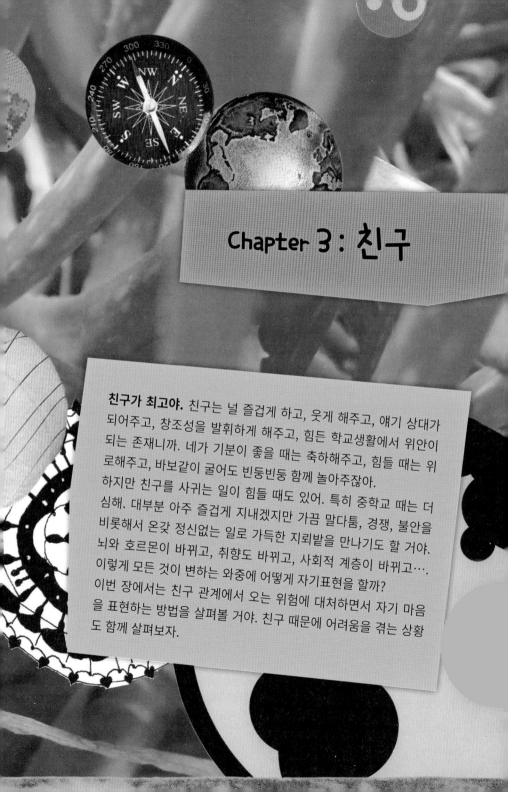

Chapter 3 : 친구

친구가 최고야. 친구는 널 즐겁게 하고, 웃게 해주고, 얘기 상대가 되어주고, 창조성을 발휘하게 해주고, 힘든 학교생활에서 위안이 되는 존재니까. 네가 기분이 좋을 때는 축하해주고, 힘들 때는 위로해주고, 바보같이 굴어도 빈둥빈둥 함께 놀아주잖아.

하지만 친구를 사귀는 일이 힘들 때도 있어. 특히 중학교 때는 더 심해. 대부분 아주 즐겁게 지내겠지만 가끔 말다툼, 경쟁, 불안을 비롯해서 온갖 정신없는 일로 가득한 지뢰밭을 만나기도 할 거야. 뇌와 호르몬이 바뀌고, 취향도 바뀌고, 사회적 계층이 바뀌고…. 이렇게 모든 것이 변하는 와중에 어떻게 자기표현을 할까?

이번 장에서는 친구 관계에서 오는 위험에 대처하면서 자기 마음을 표현하는 방법을 살펴볼 거야. 친구 때문에 어려움을 겪는 상황도 함께 살펴보자.

중학생에게 친구는 가장 중요한 존재야!

중학생 때는 친구가 무엇보다 중요해. 중학생들을 대상으로 한 어떤 연구조사에서 학교나 가족, 그 밖의 활동보다 사회생활이 중요하다는 응답률이 엄청나게 높았어. 너도 꼭 해당한다는 법은 없지만, 중학생들이 이렇게 생각하는 데는 일리가 있지. 유치원이나 초등학생 때는 잘 몰랐지만, 지금은 이전 어느 때보다 부모님으로부터 독립된다는 느낌을 받거든. 너희는 처음으로 부모님과 별개로 자기 생각, 옷이나 음악 취향, 정치적 관점을 키워나가는 중이야. 부모님이 이해하시든 못 하시든, 이는 모두 네가 성장해나가는 자연스러운 과정이야.

어떻게 먹고, 입고, 데이트하고, 행동해야 할지 결정할 때 가족에게 의지하지 않는다면 어디로 가겠니? 중학생들은 대부분 친구에게 의존해. 사소한 일상부터 무척 중요한 일까지 모두 친구에게 기대기 시작하지.

뭘 입어야 할까? 무슨 음악을 들어야 할까? 친구들은 무슨 TV 프로그램을 시청할까? 그 애는 내가 예쁘다고 생각할까? 공부를 얼마나 해야 하지? 학교에 버스를 타고 가야 하나 부모님께 태워달라고 해야 하나? 어떤 활동에 참여하면 좋을까? 내가 좋아하는 남자애가 남들 보기에도 정말 멋진가?

이렇게 대놓고 물어보지는 않더라도, 대부분의 아이가 친구 의견을 아주 중요하게 생각해. 이는 자기표현과는 좀 어긋나지. 친구들의 주장이 강하면 네 의견이나 욕구는 무시되기 쉬우니까. 네 삶에 당연히 친구가 1순위겠지만 네 목소리가 더 앞서야 해. 어? 그럼 네 목소리가 몇 위라는 얘기지?

반대해도 괜찮아

친구 말에 묻지도 따지지도 않고 맞장구치게 되는 시기가 있어. 애초에 음악이나 영화 취향, 열심히 하는 활동, 배꼽을 잡는 농담 등 닮은 점이 많으니까 친구가 되지 않았겠어?

하지만 언젠가는 서로 의견이 맞지 않는 순간이 오기 마련이야. 보통은 그냥 어깨를 으쓱하고 넘어가겠지. 친구는 치즈 피자를 가장 좋아하는데 넌 페페로니 피자 없인 못 산다고 해서 뭐가 문제겠니? 둘 다 맛있게 먹기만 하면 되지! 하지만 더 복잡한 문제로 의견이 충돌할 수 있어. 그러다 다투기도 하는데, 자칫 잘못하면 그저 싸우기 싫어서 친구 의견을 따라가기도 해. 네 생각과는 다른데도 말이야.

친구와 의견이 맞지 않을 때는 기본 규칙을 꼭 기억하렴. 독립적인 두 사람이 모든 일에 마음이 맞을 수는 없어. 어쨌든 너희는 다른 사람이잖니!

하지만 의견이 다르다고 절교해야 한다는 얘기가 아니야. 이젠 서로 아끼지 않게 됐다거나, 친구가 너를 영원히 싫어한다는 뜻도 아니지.

앤절라와 마리아가 의견 충돌을 보인 사례를 살펴보자.

✱ 사례 1

앤절라: 이번 주말에 우리 집에 올래?

마리아: 아니, 이번 주는 안 되겠어. 밤새워 놀 기분이 아니야.

앤절라: 그래, 괜찮아지면 알려줘.

✱ 사례 2

마리아: 버스 뒷자리에 앉고 싶어.

앤절라: 난 앞자리가 좋아.

마리아: 좋아, 앞자리에 앉자.

✱ 사례 3

앤절라: 나 올해 프랑스어 수업 들을 거야. 같이 들을래?

마리아: 아니, 난 이탈리아어가 더 좋아. 미안해.

앤절라: 흑. 보고 싶을 거야.

이 짤막한 대화에서 두 소녀는 각자 자기가 무엇을 원하는지 말했는데,

의견이 서로 달랐어. 매번 둘 다 원하는 대로 되진 않았지만, 둘은 여전히 친구이고 변함없이 서로 좋아하고 배려하지. 사소한 일 몇 가지에 우정이 흔들리진 않았어.

자기표현을 했다고 해서, 친구와 의견이 다르다고 해서 돈독한 우정이 깨지지는 않아! 서로 조금씩만 양보하면 행복하고 건전한 관계를 이어갈 수 있어.

> **넌 어떤 분야에서 친구 의견을 특히 중요하게 생각하니?** 친구에게 주로 어떤 질문을 하는지 몇 분 동안 생각한 뒤 얘기해보렴. 예를 들어 "어떤 옷을 입을까?", "무슨 앱을 내려받을까?" 등이 있겠지.

타협의 힘

타협은 자기표현을 하면서도 친구와 의견 충돌을 해결하는 훌륭한 방법이야. 그런데 타협은 나약한 짓이라는 오해를 받기도 해. 사람들이 널 두고 자기 소신대로 밀어붙이지 못하고 논쟁에 약하다고 생각할 수도 있어. 하지만 그건 사실이 아니야! 타협의 힘을 사용할 줄 아는 사람은 성숙하고 강인해.

싸움, 타협, 굴복에는 다음처럼 아주 커다란 차이가 있고 모두 다른 결과를 가져오지.

싸움은 험악한 말로 자기 의견을 주장하거나 아예 말을 하지 않는, 즉 상대를 무시하는 거야. 이 경우 한쪽이나 양쪽이 원하는 바를 말해도 합의에 이르거나 문제가 해결되지는 못해. 싸움은 상황을 개선하기보다는 자기 의견을 관철하는 데 중점을 두는 경우가 많거든(74쪽에서 싸움에 대해 더 알아보자).

타협은 양쪽 모두가 용납하는 방향으로 합의하는 거야. 당사자 모두가 원하는 바를 얻지는 못하더라도, 각자의 목소리가 모두 고려되고 존중되지. 타협에 이르면 두 사람 모두 그 문제에서 한발 나아갈 수 있어.

굴복은 서로 동의는 하지만 한쪽이 자기 생각을 포기하고 상대의 요구를 들어줄 때만 가능해. 간단히 말해서, 한쪽은 원하는 모든 것을 얻지만 다른 한쪽은 부당한 대우를 받는 거야!

이상 세 가지 대안 중에 타협이 가장 좋아 보이지 않니? 싸움을 재미있어하는 사람은 아무도 없고, 싸움의 결과가 좋은 경우도 거의 없어. 또 네가 항상 굴복한다면 아무도 네 목소리를 들어주지 않을 테고, 너 역시 속으로 불만만 쌓여갈 거야.

그렇다면 타협을 어떻게 해야 할까? 타협을 하려면, 문제를 논리적으로 분석해서 해결책을 찾은 다음 친구에게 제안해야 해.

앞에서 얘기한 버스 자리 사례를 생각해보자. 앞의 대화에서와 달리 앤절라와 마리아가 다투는 설정이야.

마리아: 나 버스 뒤쪽에 앉고 싶어.

앤절라: 난 앞쪽이 더 좋아.

마리아: 항상 네가 원하는 대로 해왔잖아!

앤절라: 아니, 왜 화를 내고 그래?

마리아: 됐어! 넌 앞자리에 앉아, 난 뒤에 앉을 거니까.

앤절라: 그러든가.

저런. 버스 자리 정하다가 우정이 깨지지는 말아야 할 텐데! 이 사례에서는 두 소녀 모두 분명하게 자기표현을 했어. 하지만 결과는 그다지 좋지 않았지.

의견이 충돌하다가 막다른 골목에 부딪혀서 어떻게 타협해야 할지 모르겠다면? 단순한 사실 하나만 기억하렴. 서로 의견이 다르다는 사실을 인정하면 돼. 오래전부터 전해 내려오는, 다툼을 끝낼 확실한 방법이야!

다음은 앤절라가 마리아에게 굴복하는 사례야.

마리아: 나 버스 뒤쪽에 앉고 싶어.

앤절라: 난 앞쪽이 더 좋아.

마리아: 어떡하니. 난 뒤쪽이 아니면 앉고 싶지 않은데.

앤절라: (한숨 쉬며) 알았어, 그러지 뭐. 난 별로 상관없어.

이 대화는 좀 슬프다. 앤절라가 자기 의견을 굽히고 그냥 굴복해버렸어. 앤절라는 정말 앞자리에 앉고 싶었는데 뒤에 앉아야 하잖아.

마지막 사례에서는 앤절라가 타협안을 제시해.

마리아: 나 버스 뒤쪽에 앉고 싶어.

앤절라: 난 앞쪽이 더 좋아.

마리아: 뒤로 가자!

앤절라: 좋아, 오늘은 뒤쪽에 앉고 내일은 앞쪽에 앉자.

마리아: 그래.

만세! 앤절라가 간단한 타협안을 제시했고 마리아도 동의했어. 둘 다 앉고 싶던 자리에 앉게 됐지. 매일은 아니더라도 말이야. 게다가 두 사람 모두 의견을 표시했고 서로 그 의견을 존중했어.

친구와 다툴 때 자기표현 하기

물론 타협이 항상 가능하지는 않아. 어떤 친구는 아주 고집이 세고, 어떤 상황에서는 감정이 너무 격해져서 평화롭게 이야길 끌어가기가 힘들 수도 있어. 이럴 때는 누구도 원하지 않았지만 다툼이 일어나기도 해.

친구와 싸우는 중이라면 자기표현 문제는 좀 복잡해. 네가 해명해도 상대가 귀를 기울이지 않을 테니 어떻게 의견을 전달하겠니? 소리 지르는 사람 앞에서 어떻게 자기표현을 하겠어? 친구가 말도 섞지 않으려고 하

절대 난폭해지면 안 돼! 아무리 화가 나도 폭력은 금물이야. 다칠지도 모르고, 더 큰 문제가 생길 수 있어. 폭력에 휘말릴 것 같으면 즉시 그 자리를 떠나서 어른에게 도움을 청해야 해.

는데 어떻게 대화를 하겠냐고.

안타깝지만, 다투면서 자기표현을 할 수 있는 과학적인 방법은 없어. 그날이 끝날 때쯤 일이 어떻게 될지는 아무도 모르지. 간단히 사과만 받아도 마음이 풀리거나 시간이 좀 흐르면 자기 잘못을 인정하는 친구가 있는가 하면, 네가 뭐라고 해도 듣지 않고 무조건 싸우려고 드는 친구도 있을 거야. 결과가 어떻든, 네 의견을 표현해서 당당하고 후련하게 상황을 끝내고 친구에게 앞으로 널 존중해달라고 요구하는 것이 좋아.

다툴 때 자기표현을 한다면 다음과 같은 규칙을 지키렴.

해야 할 일

싸울지 말지 결정하기. 야단법석을 피울 만한 가치가 있는 일인지 스스로 질문해보렴. 너무 사소한 일일 수도 있고, 사실 이 일이 어떻게 되든 크게 관심이 없을 수도 있잖아. 바보 같은 싸움을 피한다고 해서 네가 겁쟁이가 되는 건 아니야. 싸움은 어떤 면에서 자기표현과 비슷해. 싸움 자체보다는 너 자신이 더 중요하다는 메시지를 보내야 하거든.

문제를 바라보는 관점 전달하기. 네가 그 문제를 어떻게 바라보는지 친구가 알아야 해. 왜 화가 났는지, 무엇 때문에 그렇게 행동하는지 상대가 전혀 이해하지 못한 채 싸운다면 정말 최악의 상황인 거지. 네가 무엇을, 왜 원하는지 정확히 알려줘야 해.

자신에게 솔직하기. 네가 옳다는 사실을 확신한다면, 문제를 만들기 싫다는 이유로 친구에게 동의하는 척하지 마(그건 굴복이야!). 네 진짜 입장을 지켜야 해. 진정으로 믿는 일에 자기 의견을 갖는 것은 자랑스러운 일이란다.

인정하기. 뭔가 잘못했다는 사실을 깨달았을 때 인정하고 사과하는 것은 아주 용기 있는 행동이야. 잘못을 사과하면 싸움도 빨리 끝나겠지!

여유를 갖기. 다투다 보면 숨을 돌릴 작은 여유가 필요할 때가 있어. 자기표현도 좋지만, 상대와 네가 둘 다 괴로운 상황에서 자꾸 그 얘길 꺼낸다면 상황이 악화될 뿐이야. 다시 자기표현을 하기 전에, 격한 감정이 진정될 때까지 그저 여유를 두고 기다려야 할 때도 있는 법이야.

피해야 할 일

말로 친구를 통제하려 들지 않기. 상대가 어떻게 반응할지는 아무도 몰라. 친구에게 용서나 사과를 받고 싶어서 그런 식으로 자기표현을 하면 다툼이 심해질 뿐이야. 상대의 반응을 네가 좌우할 순 없다는 사실을 명심하고, 아예 시도하지 않는 게 좋아.

하지도 않은 일에 사과하지 않기. 친구가 화를 내면, 그럴 생각이 아니었는데도 저도 모르게 금방 사과하기 쉬워. 하지만 그러고 나면 시간이 흐른 뒤에 기분이 상할뿐더러, 하지도 않은 일에 대해서도 비난을 기꺼이 받아들이는 사람이라는 잘못된 메시지를 친구에게 보내게 되지. 일부 사과하면서 다른 부분은 인정하지 않는 것도 좋은 방법이야. 예를 들어, "어제 그렇게 행동해서 정말 미안해. 하지만 내가 한 일이 잘못이라고는 생각하지 않아"라고 얘기하는 거야.

모욕을 받고 참지 않기. 네가 무슨 짓을 했든 괴롭힘이나 정신적 폭력은 절대 용납되지 않아. 괴롭힘이나 정신적 폭력에 맞서서 자기표현을 하는 법은 4장을 참고하렴.

훨씬 멋진 우정을 위한 자기표현

지금까지 의견 충돌, 다툼, 그리고 어려운 상황에서 네 신념을 표현하는 방법을 알아봤어. 이를 뛰어넘어 더 끈끈하고 즐거운 우정을 쌓기 위한 자기표현 방법은 없을까? 좋은 친구와 지내다 보면 현실에 만족하기 쉽지. 하지만 굳센 우정에는 약간의 노력과 자기표현이 필요하단다!

친구 관계를 개선하는 자기표현 방법

자주 새로운 일 제안하기. 너희가 오랫동안 같은 일만 계속해왔다면 뭔가 새로운 일을 제안해봐! 평소와 달리 친구 집에 놀러 가는 건 어떠니? 색다른 영화를 봐도 좋고, 다른 게임을 해봐도 좋지. 계속 재미있는 시간을 보내려면 뭔가 새로운 아이디어가 필요해.

안전지대에서 벗어나기. 방에서 댄스파티를 열어보자! 어렸을 때처럼 둘만의 요새를 짓거나 운동장을 뛰어다녀봐! 림보 게임은 어때? 망설임은 문 앞에서 털어버려! 친구와 시간을 보내면서 바보 같은 일을 함께하면 오히려 사이가 더 가까워지고, 우주에서 가장 멋진 추억을 만들 수 있어. 나란히 앉아 〈겨울왕국〉을 백만 번 본 것보다 마음껏 뛰어노는 일이 훨씬 선명하게 기억될 거야.

마음에 걸리는 일을 털어놓기. 차분하게 얘기하면 돼. 불편했던 점을 말한다 해서 꼭 싸움이 되지는 않아. 서로 다투면서 흥분한 상태가 아닐 때 말하는 편이 더 좋겠지. 자주 다투는 것이 마음에 걸렸을 수도 있어. 차분히 대화를 나누면서 앞으로 싸우지 않을 방법을 찾아보자.

친구를 소중히 여기는 마음을 표현하기. 때로는 친구 말에 귀를 기울이고 사랑한다고 말해줘. '사랑'이라는 단어가 너무 오글거린다면 최소한 좋아한다는 말이라도! 네가 마음을 열면 우정은 더욱 깊어지고 재미있는 일을 할 기회도 많아질 거야.

친구 기분이 좋지 않을 때 다가가기. 친구가 힘든 시간을 보낼 때, 먼저 다가와서 말해줄 때까지 기다리지 마. 네가 먼저 "요즘 좀 어때?", "대화할 사람이 필요하지 않니?"라고 물어봐. 친구에게는 네 말이 큰 힘이 될 거야. 네가 진심으로 자기를 생각한다는 사실도 알게 될 테고.

걱정거리가 있다면 어른에게 말하기. 친구 때문에 정말 걱정되는데 어떻게 해야 할지 모르겠다면 어른들에게 도움을 청해봐. 예를 들어 친구가 위험한 일에 휘말렸거나, 우울해 보이거나, 평소와 전혀 다른 행동을 한다면 친구나 네 부모님, 학교 상담 선생님께 말해야 해.

또래 압력에 맞서 자기표현 하는 법

'또래 압력'이라는 말 들어봤지? 지나치게 자주 사용되는 탓에 오히려 진지하게 생각할 기회가 없었을 거야. 어른들이 끊임없이 얘기해왔지만 현실에서 또래 압력은 여전히 심각한 문제로 남아 있어.

십대 초반의 중학생들 앞에는 술이나 마약, 이성 문제, 그 밖에도 다양한 위험이 도사리고 있어(다른 애들보다 더 많이 경험하는 아이들도 있지). 앞에서 얘기했듯, 중학생은 여러모로 친구에게 의지하다 보니 별로 하고 싶지 않거나 준비되지 않은 일에 유혹을 받기도 해. 바로 이것이 또래 압력의 진짜 의미야. 또래 압력에 맞서 네 의견을 표현하지 않으면 후회할 일을 하게 될 수 있어.

기억해, 무엇이 됐든 하기 싫은 일을 할 필요는 없단다. 불편한 생각이 든다면 거절하면 돼. 그럼 또래 압력을 거부할 방법을 알아보자.

간단히 **"고맙지만 됐어"라고 말해봐.** 싫은 이유를 설명할 필요도 없고, 거절하기 위해 상대를 깎아내릴 필요도 없어. 오스카 시상식에서 수상 소감을 밝히는 것도 아니니 길고 유창하지 않아도 돼. 그냥 "고맙지만 됐어"로도 충분해. 한번 해봐!

절대 흔들리지 마. 만만치 않은 상대라면 거절당해도 계속 널 설득하려고 할 거야. 하지만 네가 끝까지 "고맙지만 됐어"라고 말하면 결국 포기할 거야.

설명은 간단하고, 단호하고, 그걸로 끝이어야 해. 하기 싫은 이유를 설명할 때는 상대에게 설득할 여지를 남기지 마. 네가 "엄마가 알면 큰일 나"라고 말한다면 "모르게 하면 되지!"라고 할 거야. 하지만 "관심 없어. 끝!"이라는데 그 애가 무슨 말을 하겠니?

그 자리를 떠나. 상대가 끝까지 그만두지 않으면 일단 그 자리를 벗어나야 해. 그렇게까지 한다면 공식적으로 학교폭력이 시작된 것이고, 그 상황은 참으면 안 돼. 그 장소를 떠나서 돌아보지 마(학교폭력에 대해서는 4장을 참고해)!

어른에게 도움을 청해. 이런 시도가 모두 실패하면, 부모님이나 다른 어른에게 도움을 청해야 해. 학교에서 벌어진 일이라면 학교 선생님에게 말해야겠지.

내 이야기

난 중학교 때 모범생이었어. 학교 성적도 좋았고 예의도 바르고, 아무 문제도 일으키지 않았거든. 하지만 결국 모범생 타이틀에 싫증이 났고, 변화를 위해 뭔가 나쁜 행동을 해보고 싶어졌어. 한 가지 예를 들면 가게에서 물건을 훔쳤지. 정말 어리석고, 무의미하고, 인생을 금방 망칠지도 모를 짓이었어! 가게에 요즘 같은 첨단 기술이 있었다면 절대로 그렇게 달아나지 못했을 거야.

이런 짓을 함께 하자고 몇 번인가 친구들을 꼬드기기도 했어. 괴롭힌다는 생각은 전혀 못 했지만 분명 도둑질이나 담배 따위를 권했어. 그것도 적극적으로 말이야.

나이가 들고 보니 왜 친구들을 끌어들이고 싶었는지 알겠어. 나쁜 짓을 하니까 나 자신이 타락한 것 같고, 범죄를 저지르는 낙오자에 괴물처럼 느껴졌어. 하지만…, 그렇게 보이고 싶지는 않았지. 다른 애들도 나와 같은 짓을 하게 하면 난 괴물이 아닌 거잖아. 다 함께 괴물이 되면 흡연(윽)이나 도둑질(우웩)도 다 괜찮아질 거야(아니야, 절대 안 괜찮아!).

몇 명은 이런 나쁜 짓(일부는 불법이었지)에 동참했어. 하지만 담배나 도둑질이 싫다고 말했던 친구들이 뚜렷하게 기억나. 그런 행동을 싫어했고 무엇보다 부모님과 문제를 일으키고 싶지 않다고 했어. 위험하고 어리석은 짓거리를 자랑스럽게 여기도록 내가 아무리 설득해도 그 애들은 꿈쩍도 하지 않았어. 그때 나는 친구들이 존경스러웠어(지금 돌아보니 더욱 존경스러워!). 사실 그 굳은 의지에 약간 질투가 났던 것 같아. 그래서 결국 설득을 포기했지.

당시에는 내 행동이 멋있고 대담해 보였지만, 사실 대단히 어리석고 바보 같은 짓이었어. 심각한 문제를 일으킬 위험도 있었잖아. 그런 행동을 거절했던 친구들이 옳았어. 친구들아, 거절해줘서 고마워!

나쁜 친구를 어떻게 가려낼까?

세상에 완벽한 사람은 없어. 네 친구들도 마찬가지야. 하지만 완벽하지 않은 친구와 나쁜 친구는 전혀 다르단다. 그 차이를 구분하면 누구와 계속 친하게 지내고, 누구와는 절교해야 할지 결정할 수 있어.

나쁜 친구라고 판단할 수 있는 특징 몇 가지를 살펴보자.

1. 너나 다른 사람을 괴롭혀.
2. 네 시간과 에너지를 지나치게 많이 요구해.
3. 네가 사이좋게 지내려고 아무리 노력해도 계속 화만 내.
4. 하기 싫은 일을 하라고 압박해.
5. 친구로 지내면서 좋은 시간보다 괴로운 시간이 더 많아.
6. 그 관계에서 계속 불행하다는 기분이 들어.
7. 그냥 본능적으로 더는 참기 힘들어.

정말 갖은 애를 썼는데도 그 친구 때문에 여전히 불행하다면 이제 절교할 때가 된 거야. 친구끼리 싸우는 거야 보통 있는 일이지만, 누군가 항상 네 기분을 상하게 하고 그 관계에서 이득이 별로 없다면 끝까지 견딜 필요는 없어. 바다에는 물고기가 가득하잖아!

하지만 솔직하게 말하고 절교하기가 쉽지는 않아. 어떻게 보면 연인과 헤어지기(150쪽에서 자세히 살펴볼 거야)보다 힘들지. 연인 관계는 끝나면 그만이야. 하지만 친구와 절교할 때는 여러 가지 위험 부담이 존재해. 다른 친구들도 멀어지고 생일 초대 명단이며 식당에서 함께 앉을 사람도 바꿔야 하고, 상처받는 사람들이 생기고…, 그 밖에도 많아. 자기표현이 교과 과목이라면 친구와 절교하기는 고급 과정일 거야!

이런 위험을 모두 고려했음에도 결국 나쁜 관계를 정리하기로 마음먹었다면, 할 일이 있어.

끝내고 싶다는 사실 인정하기. 친구 관계에서 네가 불행하다는 사실을 인정하기는 무척 힘들어. 계속 고쳐보려고 노력하면서 끝없는 순환 고리에 갇히기 쉽지. 고치기 불가능한데도 말이야. 하지만 아무리 노력해도 친구가 너에게 끊임없이 상처를 주고 실망시킨다면 정리할 때가 온 거야. 스스로 인정하고 다음 단계를 밟아가자.

다른 친구와 어울리기. 널 편하고 행복하게 해주는 친구들을 떠올려봐. 지금은 완전히 네 사람이 아닐 수도 있지만, 그 애들이 멋지고 재미있다는 사실을 넌 잘 알지. 당분간 그 친구들과 어울리도록 해. 다른 친구들과 마음

편하고 즐겁게 지내다 보면 독이 되는 친구와는 거리를 둘 수 있고, 그 관계를 끊으려는 결심을 실행하는 데 도움이 될 거야.

평화롭게 끝내기. 절교한다고 시끌벅적하게 난리를 피울 필요는 없어. 그저 전화 걸길 그만두거나, 만나지 않거나, 새로운 친구들과 어울리기 시작하기만 해도 충분할 때가 있어. 우습지만, 때에 따라서는 그 문제의 친구가 절교당했다는 걸 눈치조차 못 챌 수도 있어.

하지만 만약 그렇지 않다면… 그 친구에게 먼저 말하지 않고는 관계를 끝낼 수 없다면, '곧 지나간 친구가 될' 친구에게 얘기할 때 지켜야 할 원칙을 몇 가지 살펴보자.

해야 할 일: 친절하고 차분하게 얘기해.

너: 정말 미안해. 하지만 요즘 정말 힘들어서…. 우리 이제 함께 다니지 않는 편이 낫겠어. 이해해줘.

해야 할 일: 친구가 어떻게든 반응하리라는 사실을 염두에 두렴. 꼭 좋은 반응이 아닐 수도 있어.

친구: 무슨 소리야? 갑자기 왜 그래! 너 진짜 이상하다! 왜 그러는 거야?

이런 일이 발생했을 때 싸우자는 투로 말하거나 비난하면 안 돼. 친구가 생각지도 못했을 무척 힘든 얘기를 네가 꺼냈다는 사실을 잊지 마. 당

연히 부정적인 반응이 나오겠지. 이 대화를 가능한 한 부드럽게 풀어가려면 단순하고 일반적인 단어를 선택해야 해. 상대를 탓하지 말고 '너'가아니라 '우리'라는 단어를 쓰는 게 좋아. 싸우려는 의도가 아니라(그런 시절은 끝났어) 각자 갈 길을 가려는 것뿐이니까.

> **피해야 할 일: 비난하면서 시작하기.**
>
> **너:** 너 때문에 어이없었던 날이 하루 이틀이 아니야. 이제 정말 지겹고 지쳤어!

> **해야 할 일: 합리적인 단어인 '우리' 위주로 말하기.**
>
> **너:** 너도 알겠지만 우린 지금까지 너무 많이 싸웠고 잘 지내지 못했어. 이제는 정말 정리하고 싶어. 우리 둘 다 행복하려면 그러는 편이 나아. 미안해(끝).

친구가 발길질을 하고 소리를 지른다 한들 이런 논리에는 할 말이 없어. 결국 친구도 너희 관계가 끝났다는 사실을 깨닫고 자기 길을 갈 거야. 하지만 절교하자는 얘기에 친구가 이렇게 반응할 가능성도 있어.

친구: 정말 미안해, 앞으로는 내가 진짜 잘할게!

> **해야 할 일: 이런 반응에는 신중하게 접근해야 해.**
>
> 전에도 이런 일이 있었는지 생각해봐. 예전에는 한 번도 그런 말을 한 적이 없다면, 이 친구에게 한 번 더 기회를 줘도 좋겠지. 하지만 과거에도 이런 적이 있거나 앞으로 상황이 바뀔 가능성이 전혀 없다면 더는 기회를 줘도 소용없어.

네 친구를 고를 사람은 결국 너야. 중학교 시절 친구는 재미있고 의지가 되는 존재여야 해. 그렇지 않다면 솔직하게 표현하고 상황을 바꿔야겠지.

내 이야기

그때는 정말 영화 〈퀸카로 살아남는 법〉에서 곧바로 튀어나온 장면 같았어. 나는 친구랑 통화하면서 애들끼리 모여서 놀 계획을 세우는 중이었어. 아무도 소외당하는 느낌을 받지 않게 하려면 온 세상 사람을 다 불러야 하는 사태가 발생하잖아. 그러면 계획 짜는 일부터 악몽이 될 테니까 친구에게 이렇게 말했어. "애들을 조금만 부르자."

갑자기 전화기 너머로 키득거리는 소리가 들렸어. 내가 이번 모임에서 빼자고 했던 친구들이 우리 대화를 모두 듣고 있었던 거야. 그 애들은 나를 나쁜 짓 하다 붙잡힌 사람처럼 비웃었어. 나는 너무 놀라고 당황해서 전화를 끊고 엉엉 울었어. 엄마가 무슨 일이냐고 물었지만 대답하고 싶지 않았어. 그 상황이 너무 부끄러웠거든. 친구들에게 뭔가 나쁜 짓을 했다는 생각이 강하게 들었고 내 마음을 엄마에게 들키고 싶지 않았어.

지금 돌이켜보면 내게는 아무 잘못도 없었어. 그렇게 날 속인 것이 오히려 교활하고 터무니없는 짓이었지. 그때 그렇게 말했더라면 얼마나 좋았을까! 난 고등학생이 되고 나서야 "그 애들은 정말 별로야. 새 친구를 사귈 거야"라고 말할 수 있었어. 우리는 별로 싸우지도 않았어. 그 해로운 친구들은 굳이 나와 어울리려고 하지 않았고, 나도 어쩌다 보니 그 애들을 만나지 않게 됐어. 내게는 다른 친구들이 있었고 다른 무리에서 새 친구들을 사귀었지.

그렇게 교활하고 정직하지 못한 친구들을 끊어내고 나니까 어깨에서 큰 짐을 덜어낸 듯한 기분이 들더라. 고등학교 생활은 끝내줬어.

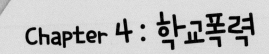

Chapter 4 : 학교폭력

학교폭력이 중학교 때 가장 심하다는 연구 결과가 있어. 학교폭력은 관련된 모든 사람에게 대단히 힘든 경험이야. 사람들은 어린 시절 괴롭힘 당했던 기억을 평생 기억하는 데다, 당하면서 자신과 다른 이들을 위해 표현하지 못한 일 때문에 정신적 충격을 받고 평생 후회하며 살아가는 경우가 많아. 괴롭힘은 다른 사람들이 모른 체할 때만 지속되는 법이야. 아무도 나서서 말하지 않으면 멈추지 않지.

불행히도 혼자서 막을 수는 없어. 선생님을 비롯해 교육 관계자들이 몇십 년 동안이나 학교폭력을 근절하려고 노력해왔는데도 아직도 갈 길이 멀어. 하지만 학교에서 일어나는 폭력적 행동을 정의하고 그에 맞서 자기표현을 한다면 네 몫의 역할을 할 수 있단다.

대체 학교폭력이란 무엇일까?

사람들은 이 단어를 아주 단순한 개념인 것처럼 아무렇게나 사용해. 하지만 그렇게 단순한 일이었다면 없애기도 훨씬 쉬웠을 거야.

신체 폭력은 물론이고 장난스럽게 괴롭히다가 심해지는 것 역시 학교폭력이야. 누가 페이스북에서 네 옷을 두고 이러쿵저러쿵한다면, 네 앞에서 말하지도 널 때리지도 않았지만 이것 역시 일종의 학교폭력이지. 그러면 단순한 다툼과 학교폭력을 어떻게 구별하고 알아차릴까?

둘의 분명한 차이점을 알아보자.

친구 사이에 일어나는 다툼

1. 다투게 된 일 자체만 놓고 논쟁이 벌어져.
2. 실제로 그 일과 관련이 있는 사람들만 옥신각신하지.
3. 비록 싸우더라도 당사자들은 친구라는 사실에 변함이 없어.
4. 친구들은 서로 동등한 관계야. 한쪽이 다른 쪽보다 높은 위치가 아니야.

5. 다툼은 결국 진정되고 친구 관계가 지속돼.

학교폭력

1. 비열하게 놀리거나 장난을 치고, 소문을 퍼뜨려. 당하는 사람은 구석에 몰리거나 벌거벗은 느낌을 받아.
2. 누군가를 괴롭히려고 일부러 잔인하게 무시해.
4. 특정한 사람이나 집단이 의도적으로 누군가를 상처 주거나 창피하게 만들어.
5. 원래 다툼에는 관계없던 사람들이 말려들어.
6. 한 사람이 여러 사람에게 공격을 받아.
7. 어느 한 사람이 절대적인 위치에 있고, 다른 쪽은 발언권도 자기편도 없어.
8. 인종차별이나 동성애 혐오, 성차별이 일어나.
9. 한쪽이 상대편을 다른 사람들에게서 고립시키려고 온갖 방법을 동원해.
10. 신체적 폭력이 사용돼.
11. 이 싸움은 도저히 끝날 것 같지 않아.

다음 대화는 그리 시끄럽지도 폭력적이지도 않아 보여…. 하지만 분명한 학교폭력이야.

크리스티: 지난번 에이미의 태도, 정말 짜증 나더라.

에린: 나도 알아! 머리카락에 기름기가 잔뜩 껴서 신경 쓰였나 보던데?

크리스티: 우웩! 완전 기름이 샘솟는 유전이더라, 유전.

에린: 가짜 계정을 만들어서 샴푸 광고 이메일을 보내볼까? 말귀 좀 알아들어야 하니까!

크리스티: 이야, 진짜 재미있겠다. 그래, 그러자!

안 돼!! 에린, 크리스티, 그러지 마!

에린과 크리스티는 그런 이메일이 에이미에게 정말 평생 남을 상처가 되리라는 사실을 모르나 봐. 그저 어느 오후 심심풀이 삼아 사소한 장난을 한다고 생각하겠지만, 이런 괴롭힘은 아주 심각한 피해를 불러온단다. 피해자를 자살에 이르게까지 할 수도 있어. 아주 사소한 이메일 하나가 사람의 인생을 망칠 수도 있다고! 상대만이 아니라 에린과 크리스티의 인생도 망칠 수 있어. 두 사람 다 즉시 그만둬야 해.

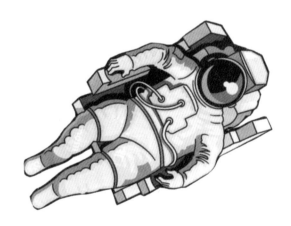

다음 사례는 '무시'하면서 다른 사람을 싸움에 끌어들이는 경우야.

조니카: 왜 그렇게 화가 났니?

카일리: ….

조니카: 말이라도 해주면 안 되겠니?

카일리: ….

조니카: 정말 답답하네, 말 좀 해봐!

카일리: 너랑은 얘기 안 해. 절대로.

(애나 등장)

애나: 안녕, 조니카. 무슨 일 있어?

조니카: 안녕, 애나.

카일리: 애나, 난 네가 친구라고 생각했어. 너 정말 이중인격이다.

카일리가 왜 그렇게 화가 났는지는 모르겠지만, 이유가 무엇이든 조니
카를 괴롭히고 복수하기로 마음먹었어. 조니카가 상황을 개선하려고 아
무리 애를 써도 무시하고 밀어내려 하지. 그뿐만 아니라 영악한 말로 애

나와 조니카를 이간질했어. 카일리의 저 말을 듣고 애나가 조니카에 대해 어떤 생각을 하겠니? 카일리는 조니카와 애나를 둘 다 괴롭히는 셈이야.

카일리가 조니카와 대화하고 싶지 않다면 어쩔 수 없지만, 괴롭히거나 무시하지 않고도 자기 생각을 말할 수 있었어. 예를 들어 "그 일 때문에 정말 화가 났고 아직 너랑 얘기할 준비가 안 됐어"라고 말하고 거기서 끝 내면 되겠지.

다른 사례를 살펴보자. 이번에는 브리아나가 불평등한 상황에서 모호한 말로 니코를 괴롭히고 있어.

브리아나: 니코, 전학 온 걸 환영해.

니코: 고마워.

브리아나: 이번 주말 파티에 올래?

니코: 아, 그럴까…?

브리아나: 이제 막 전학 와서 아는 사람도 없으면서 내가 초대하는 파티에 안 올 셈이야?

니코: 그게 아니라….

브리아나: 농담이야, 파티 따위는 안 하거든. 사과 좀 먹어도 돼?

니코: 응….

브리아나: 너 수학 잘한다며? 오늘 숙제 좀 베끼고 싶은데. 좀 빌려도 될까?

니코: 아, 그건 좀….

브리아나: 뭐 어때! 아무에게도 말 안 할게, 괜찮지? 우린 친구잖아.

이 거북한 대화로 미루어보면 브리아나는 학교에서 확실히 자리를 잡았지만 니코는 아직 적응 중이야. 브리아나는 그런 자기 위치를 사용해서 니코를 괴롭히고 있어. 보아하니 브리아나는 니코를 못살게 굴고, 당황하게 하고, 가식적인 얘기를 하면서 환영한다는 둥 말을 걸었어. 불편한 일을 니코가 강하게 거부하지 못하도록 말이야. 노골적으로 폭력을 행사하지는 않았지만 괴롭힘이 분명해. 니코를 엄청나게 혼란스럽게 했잖아.

괴롭힘에 어떻게 대응할까?

너나 다른 사람이 괴롭힘을 당한다면 어떻게 행동해야 할까?

괴롭힘을 당할 때 논리적으로 생각하긴 힘들어. 충격을 받고, 힘이 빠지고, 화가 날 테니까. 최악의 경우에는 아예 입을 꾹 닫게 될 수도 있어.

학교폭력을 멈추게 할 확실한 길은 없지만 그런 상황에서 자기표현을 하고 네 의사를 전달할 방법은 많아. 다만, 이건 꼭 기억해. 너 혼자서 그 상황을 해결하기 힘들 때는 언제든 어른에게 도움을 청해야 한다는 거야.

괴롭힘에 대응할 때 다음 내용을 참고하렴.

1. 네 잘못이 아니라는 사실 명심하기. 스스로 당해도 싸다고 생각하고 아무 말 없이 당하기만 하는 사람도 있어. 하지만 학교폭력은 절대 정당화될 수 없어. 남을 괴롭히는 사람들은 자신에게 불만이 있어서 그런 짓을 한다는 얘기를 너도 들어봤지? 사실이야. 그런 애들은 대부분 본인에게 문제가 있거나, 자기도 괴롭힘을 당했으니까 그 울분을 풀 대상과 관객을 찾는 거야. 누구라도 상관없지.

2. 상대방이 남을 괴롭히고 있다는 사실 알려주기. 믿기 어렵겠지만, 남을 괴롭혀놓고도 본인이 가해자임을 인식하지 못하는 경우가 많아. "지금부터 내가 널 괴롭힐 거야"라고 말하는 사람을 본 적 있니? 아마 없을 거야. 자기 행동이 남에게 고통을 준다는 생각을 못 하기 때문이지. 다른 사람을 괴롭히고 있다는 사실을 말해주면 그런 행동을 멈추도록 도울 수 있어.

3. 친구를 막막한 상황에 내버려 두지 않기. 친구가 괴롭힘을 당한다면 나서서 도와줘. 그런 상황이라면 너도 같은 기대를 하지 않겠니? 함께 점심을 먹는데 누가 와서 친구를 괴롭히면 나서서 얘기하렴. "얘 좀 내버려 둬!" 네가 친구 곁을 지키면, 그 가해자에게 동조하지 않고 친구 편에 서겠다는 메시지를 보낼 수 있어. 한 사람을 괴롭히기보다는 두 사람을 괴롭히기가 더 어렵잖니!

물론 스스로 안전하다고 느낄 때만 이런 행동을 해야겠지. 안전하다고 느껴지지 않으면 곧장 어른에게 도움을 청해야 해(7번을 참고하렴).

4. 휘말리지 않기. 가해자는 상대에게 상처를 주고 싶어 해. 불행하게도, 이런 시도는 성공할 때가 많지. 누가 괴롭히는데 상처받지 않기는 힘들거든. 하지만 어떻게든 그 계략에 휘말리지 않는다면 결국 가해자들도 포기할 가능성이 커.

5. 절대로 동조하지 않기. 괴롭힘은 다른 사람들이 힘을 실어줄 때 더 활발해지는 법이야. 소극적으로 지지하거나 가끔 웃어주기만 해도 그런 행

동을 부추기기에 충분해. 사람들이 지지해주지 않으면 가해자들도 힘을 잃게 되지. 그 애들의 행동이 옳지도, 괜찮지도 않다고 생각한다는 걸 보여주렴.

6. 가해자의 수준에 맞춰서 비열해지지 마. 누가 괴롭힐 때 그에 맞서 화를 낼 자격은 있지만, 똑같이 괴롭혀야 한다는 뜻은 아니야. 물론 복수하고 싶다는 유혹을 받겠지만, 상대의 수준에 맞춰서 너까지 비열해지고 가해자가 되고 싶지는 않지? 진짜 가해자를 곤경에 빠뜨려 더는 괴롭힘을 계속하지 못하게 하는 것만으로도 충분해.

7. 어른들에게 도움을 청하렴. 괴롭힘을 당할 때는 어른들에게 꼭 말해야 해. 담임 선생님이나 상담 선생님, 보안요원 등 학교 관계자들은 크고 작은 학교폭력 상황에 대처하기 위해 전문적인 교육을 받은 분들이야. 가해자가 네 말에 귀를 기울이지 않더라도 어른이 하는 말은 들을 거야(어른에게 말하기는 100쪽을 참고해).

8. 여럿이 의논하게 하기. 학교폭력을 없애려면 많은 사람이 끊임없이 그 주제로 대화를 나누는 수밖에 없어. 친구들이나 가족과 대화해봐. 학교폭력에 대해 토론하고 관련 자료를 읽으면서 이런 대화가 멈추지 않도록 노력해야 해(학교폭력을 더 깊이 알아보고 싶다면 111쪽을 참고해).

9. **가해자를 인생에서 쫓아버리기.** 지금 만나는 친구들이 계속 널 괴롭힌 다면 새로운 친구를 찾아야 해. 받아들이기 어렵고 고통스럽겠지만, 네 기운을 북돋아 주고 긍정적인 친구를 사귀면 아주 멋진 학교생활을 할 수 있어. 네 인생에는 가해자들이 필요 없다고 말하는 것보다 더 멋진 자기표현이 어디 있겠니?

괴롭힘을 당하면서 조언이나 도움이 필요할 때, 인터넷은 그리 믿을 만한 곳이 아니야.

익명의 채팅창이나 게시판은 피하는 편이 좋아. 전문가와 믿을 수 있는 사람들에게 맡겨야 해. 학교폭력에 대해 믿을 만한 정보를 얻고 싶다면 다음 웹사이트를 방문해봐.
• www.stopbullying.gov/what-you-can-do/teens/index.html
• www.pacerkidsagainstbullying.org
• pbskids.org/itsmylife/friends/bullies
(우리나라에서는 다음 사이트의 도움을 받을 수 있다-옮긴이.
• 청소년사이버상담센터(www.cyber1388.kr): 한국청소년상담복지센터에서 학교폭력 사례와 대처 방안을 소개한다. 전화·문자·사이버 상담센터를 운영하며, 전화 상담(국번 없이 1388)은 24시간 언제든지 가능하다.)

온라인 폭력은 다음 웹사이트를 참고해.
• www.facebook.com/safety
(우리나라에서는 '도란도란 학교폭력 예방 홈페이지(www.edunet.net/nedu/doran/doranMainForm.do?menu_id=140#none)' 등이 있음-옮긴이)

어른에게 도움을 청하는 법

어른을 끌어들이는 일은 응급 상황에만 가능한 핵폭탄처럼 느껴질 거야. 다른 사람에게 '고자질'하지 말라는 또래 압력도 무시할 수 없지. 무엇보다 전후 사정을 알지 못하는 어른들이 성급하게 네 현실과 맞지 않는 결정을 할까 봐 걱정될 거야.

하지만 부모님이나 담임 선생님, 교감 선생님, 상담 선생님 같은 어른들은 살면서 비슷한 상황을 겪었기에, 네가 불안해서 자기표현을 하지 못한다는 사실을 충분히 이해해줄 수 있단다. 어른들은 학교폭력에 대처할 실질적인 힘을 가지고 있어. 무엇보다 어른 중에는 그런 일을 하도록 전문적인 훈련을 받은 분들이 있거든. 그런 일이 다시는 벌어지지 않도록 확실히 조치해주고, 최소한 네가 어떻게 해야 할지 조언해줄 거야.

어른에게 도움을 청하기 전에 먼저 명심할 점이 있어.

학교에서 해줄 수 있는 일 알아보기. 학교에는 학교폭력에 대처하는 공식적 체계가 마련돼 있어야 해. 체계가 학교마다 다르기 때문에 어떤 학교에서는 담임 선생님께 말하는 것으로 충분하지만, 상담 선생님이나 교장 선생님께 직접 이야기해야 하는 학교도 있어. 담임 선생님이나 상담 선생님께 학교의 절차를 여쭤보렴. 학교 차원에서 아무도 조치를 하지 않는다면, 부모님이나 그 밖에 믿을 만한 어른이 교육감이나 교육위원회 담당자에게 문제를 제기해야 해. 아이들이 권위자에게 쉽게 문제제기를 할 수 있는 환경이 조성되어야 마땅하지만, 사정이 그렇지 못하더라도 포기하지는 마. 누군가 네 말에 귀를 기울여줄 때까지 어른들을 찾아다녀야 해.

상황을 철저하게 설명하기. 가능한 한 상세하게 설명해야 하니까, 말을 꺼내기 전에 먼저 몇 가지 준비를 해야 해. 다음 질문에 최대한 답해보자. 당장 질문에 대답하기 어려워도, 일단 어른에게 도움을 청하면 그 답을 찾도록 도와줄 거야.

- 실제로 어떤 일이 일어났는지 모두, 아니면 대부분 말해줄 수 있니?
- 무슨 일이, 언제, 어디에서 발생했니? 누가 연관됐지?
- 무슨 이야기가 오갔니?
- 주변에 어른들이 있었니? 있었다면, 어른들은 무엇을 했니?
- 그 일이 얼마나 오랫동안 계속됐니?

그리고 페이스북 게시물이나 이메일, 문자, 사진 등 증거가 있다면 가져가는 게 좋아!

익명을 요구하기. 네가 맨 앞에 나서기가 부담스럽다면 익명으로 학교폭력을 제보할 수 있어. 상담 선생님이나 담임 선생님에게, 어른들이 개입하는 과정에서 네 이름이 나오지 않았으면 좋겠다고 말하면 돼. 선생님은 최선을 다해서 네 요구를 존중해야 해.

간단히 조언을 구해도 좋아. 어른이 개입하지 않고 조언해주는 것만으로도 충분할 때가 있거든. 이 갈등에 어떻게 대처해야 할지 상담 선생님께 여쭤봐. 많이 배우게 될 거야! 그리고 조언을 받았지만 별 소용이 없었더라도, 다시 도움을 구하러 갔을 때 네 상황을 더 많이 이해하고 계실 거야.

너도 가해자가 될 수 있어

좋은 사람도 가해자가 될 수 있어. 중학교에서 학교폭력 피해자의 87퍼센트가 어느 순간 가해자로 바뀐다는 사실을 알고 있니? 안타까운 순환고리가 생기는 거야. 괴롭힘을 당했던 사람이, 자신의 힘을 느끼고 싶어서 가해자가 되는 거지. 자기가 당했던 짓을 다른 사람에게 똑같이 하면서도 본인은 폭력이라고 느끼지 못할 수도 있어. 하지만 폭력은 폭력이야. 누가 왜 했든 상관없어. 언제나 잘못된 행동이지.

너 또는 너와 가까운 누군가가 폭력적인 행동을 한다면 다음 내용을 꼭 명심해.

잠깐 멈추고 생각하기. 너를 포함해서 네 무리의 누군가가 다른 사람을 괴롭힌다면 바로 일시정지 버튼을 눌러야 해. 마음속으로 잠깐 그 무리를 벗어나, 91쪽에서 얘기했던 학교폭력의 특징을 떠올려봐. 그중 하나가 네 눈앞에서 벌어지고 있니? 그렇다면, 당장 멈춰!

뒤로 물러나기. 상황을 중지시켜야 해. 속도를 줄여! 그만해! 너부터 물러난 다음 다른 아이들에게도 멈추라고 말해. 누군가 분명 괴롭힘을 당할 것 같다면 그 자리를 벗어나서 도움을 청해야 해. 이때는 가해자가 될 수 있는 아이들을 최대한 많이 데리고 떠나자.

다른 데로 관심 돌리기. 누군가를 괴롭히는 데 들어가는 에너지를 다른 데 쓰면 좋겠지. 다른 대화나 놀이로 관심을 돌리자. 달리기를 해봐. 제자리 뛰기는 어때? 무엇이든 좋아! 다른 사람을 괴롭히고 싶은 마음이 곧 사라질 거야.

사과하기. 누군가를 괴롭혔을 때, 다시 찾아가 진심으로 미안하다고 하는 것은 아주 용감하고 멋진 행동이야. 과거가 지워지진 않겠지만, 그 용기 있는 행동이 지금 그리고 앞으로도 큰 변화를 만들어낼 거야. 사람들은 대부분 어른이 되어서야 자기 행동을 사과하지만, 즉시 사과하면 피해자도 더 일찍 상처를 극복할 수 있어.

리더가 되기. 쉬운 일은 아니지만, 학교폭력을 멈추려면 누군가 나서서 그 무리를 위해 올바른 결정을 해야 해. 물론 네가 그 사람이 될 수 있어!

꼭 직접 나서서 비열하게 행동해야만 가해자는 아니야.
괴롭힘을 부추기는 사소한 행위, 그러니까 함께 웃거나 모른 척하는 것 역시 학교폭력에 가담하는 일이야.

퀴즈: 이런 상황에 나서서 말해야 할까?

1. 맥스와 오브리는 다투고 나서 온종일 서로 말을 하지 않고 지냈어. 다음 날 둘은 화해하고 다시 친구로 돌아갔지.

학교폭력일까? **맞아** / 아니야

왜?

학교폭력이라면, 누가 어떻게 말을 해야 할까?

2. 애나는 스펜서가 여드름에 예민하다는 사실을 알면서도 여드름투성이라고 놀렸어.

학교폭력일까? **맞아** / 아니야

왜?

학교폭력이라면, 누가 어떻게 말을 해야 할까?

3. 에리카와 마리아는 니콜의 짝사랑 상대인 척하면서 낯선 번호로 니콜에게 문자를 보냈어. 그러고는 니콜이 그 다정한 메시지를 사실이라고 믿는 것을 보고 비웃었어.

학교폭력일까? **맞아** / 아니야

왜?

학교폭력이라면, 누가 어떻게 말을 해야 할까?

4. 일라나는 아마니에게 화가 나서, 아마니가 부끄러워하는 가족사를

학교 친구들에게 퍼뜨렸어.

학교폭력일까? **맞아** / 아니야

왜?

학교폭력이라면, 누가 어떻게 말을 해야 할까?

5. 린지는 아무도 없을 때 재클린을 밀쳐서 넘어뜨렸어.

학교폭력일까? **맞아** / 아니야

왜?

학교폭력이라면, 누가 어떻게 말을 해야 할까?

6. 리 메이는 토론 수업 시간에 메일린의 의견에 극구 반대했어. 리 메이는 메일린의 발언이 끝날 때까지 기다린 다음, 자신이 그 의견에 반대하는 이유를 설명했어.

학교폭력일까? **맞아** / 아니야

왜?

학교폭력이라면, 누가 어떻게 말을 해야 할까?

답안

1. 아니야

왜일까? 맥스와 오브리는 당사자인 둘이서 문제를 조용하고 공정하게 처리했어. 친구 관계를 유지했고 문제는 사라졌지.

2. 맞아

왜일까? 애나는 스펜서의 기분을 상하게 하려고 일부러 놀렸어. 스펜서를 괴롭힌 거야.

누가 어떻게 말을 해야 할까? 스펜서는 애나가 한 말에 상처를 받았다고 애나에게 말해야 해. 그랬는데도 애나가 계속 놀리면 어른에게 도움을 청해야겠지.

3. 맞아

왜일까? 에리카와 마리아는 비열한 장난을 해서 니콜이 수치심을 느끼게 했어. 그건 의도적인 괴롭힘이야.

누가 어떻게 말을 해야 할까? 에리카나 마리아는 이런 일이 벌어지지 않게 상황을 멈출 수 있었어. 둘 중 하나가 니콜의 편에서 말하고, 그럴 시간에 다른 일을 하자고 제안했으면 좋았겠지. 하지만 이미 문자는 발송됐으니 니콜이 어른에게 말해야 해.

4. 맞아

왜일까? 일라나는 아마니에게 창피를 줘서 수많은 친구가 등을 돌리게 하려고 하기 때문이지.

누가 어떻게 말을 해야 할까? 아마니든 그 비밀을 들은 친구든, 누군가 일라나에게 그만두라고 말해야 해. 아마니는 일라나가 하는 짓이 더 심해지기 전에 부모님이나 상담 선생님, 담임 선생님, 아니면 그 밖에 학교 담당자와 상담을 하는 게 좋아.

5. 맞아

왜 그럴까? 신체적 폭행은 무조건 폭력이야.

누가 어떻게 말을 해야 할까? 재클린은 상담 선생님이나 보안요원 등 학교 내 담당자에게 말해야 해. 부모님께도 말씀드려야 하고.

6. 아니야

왜 그럴까? 리 메이는 토론에 열정적으로 참여한 것일 뿐 메일린을 괴롭혔다고 볼 수는 없어. 다른 사람의 의견에 동의하지 않아도 돼. 특히 토론 시간에는 말이야. 리 메이는 특정 주제에 다른 관점을 표현한 것이지 일부러 메일린을 지목한 것은 아니야. 잘했어!

학교 친구가 아닌 사람이 괴롭힐 때

지금까지 우리는 또래 사이에서 벌어지는 폭력만 다뤘어.
하지만 폭력은 어디서나, 누구나 저지를 수 있지.
자기표현을 하는 방법은 상황에 따라 달라져야 해. 몇 가지 사례를 살펴보자.

형제간 폭력. 이 문제는 자주 언급되지 않는 편이야. 폭력을 당했을 때 말을 하기가 어렵기 때문이지. 하지만 91쪽에 언급한 행위가 형제간에 일어난다면, 그건 폭력이야. 이론의 여지가 없어.

사람들은 형제간에 일어나는 폭력을 단순한 경쟁으로 생각하는 경향이 있지만, 폭력과 경쟁은 달라. 게다가 형제간 폭력은 더 엄청난 피해를 불러올 수 있어. 대부분 사람이 어느 장소보다 집이야말로 '안전지대'이길 원하잖아. 한마디로, 마음 둘 곳을 잃을 수 있지.

형제에게 직접 말해도(96쪽의 기술을 사용해서) 아무것도 변하지 않는다면, 부모님이나 다른 어른에게 털어봐. 구체적으로 무슨 일이 있었는지, 전반적으로 너희 관계가 어떤지 얘기해. 부모님은 너희가 관계를 바로잡도록 도와주실 거야.

하지만 부모님께 말해도 소용이 없다면 학교의 상담 선생님께 조언을 구해봐. 선생님은 상담이나 명상 등 필요한 조치를 하거나, 너 대신 부모님께 얘기해주실 거야.

가족 문제는 5장에서 더 살펴보자.

어른의 폭력. 믿기 어렵겠지만 어른도 폭력 가해자가 될 수 있어. 네 또래 아이들과 마찬가지로 어른 중에서도 특정한 사람을 골라 의도적으로 괴롭히는 사람이 있거든. 아이들이 해도 나쁜 행동이지만, 어른이 그런 행동을 한다면 정말 용납할 수 없지.

학교에서 어떤 어른이 권위자의 선을 넘어 폭력의 가해자가 된다면 상담 선생님이나 부모님, 교장 선생님께 즉시 말해야 해. 학교는 널 보호하고 적절한 조치를 취할 의무가 있어. 괴롭히는 사람이 힘 있는 자리에 있다고 해서 말도 못 하고 끙끙 앓지 마. 괴롭힘은 무조건 나쁜 거야.

좀 더 나아가서, 학교폭력을 공론화해보자

네가 다니는 학교에서 학교폭력이 문제가 되고 있고, 더 큰 차원에서 그 문제를 논의하고 싶니? 학생회와 창의적 에너지, 그리고 '네 목소리'를 활용하면 얼마든지 할 수 있어!

학교를 비롯한 장소에서 벌어지는 폭력을 공론화하는 데 어떤 방법이 있는지 살펴보자.

학생회에 참여하기. 학생회는 학교에 변화를 일으키고 긍정적 메시지를 퍼뜨릴 능력이 있어. 학교폭력 방지를 공약으로 삼아서 학생회 임원에 출마해보자. 아니면 반장에게 폭력 문제를 상의하고 반장을 적극 돕는 방법도 있어.

학교폭력 반대 포스터 붙이기. 학교에 폭력 반대 포스터를 붙이자고 학생회에 건의해봐. 끊임없이 목소리를 내면 실제로 변화로 이어진다는 연구 결과가 있어. 포스터를 붙이기 전에 학교에 허가만 받으면 돼.

조회 시간 이용하기. 반장이나 교장 선생님 등 아침에 조회를 진행하는 사람이 있을 거야. 누가 이끌든 학생들의 의견을 적극적으로 받아줄 거야. 조회 시간에 학교폭력을 반대한다는 내용을 앞으로 쭉 포함해달라고 요청해봐. '대체 학교폭력이란 무엇일까?' 같은 간단한 내용부터(91쪽을 참고하렴) 학교에서 괴롭힘을 당할 때 도움을 요청할 수 있는 곳 안내까지, 무엇이든 말이야.

수호천사 제도 제안하기. 수호천사 제도는 장애나 그 밖의 이유로 학교폭력의 대상이 될 가능성이 있는 학생과 '수호천사' 학생을 짝지어주는 프로그램이야. 수호천사는 대상 학생의 친구가 되어주고, 폭력 상황을 감시하지. 수호천사 제도를 시작하여 학생들의 삶을 바꿔보자고 학생회에서 얘기해봐. 상담 선생님, 교장 선생님에게 직접 건의해도 되고!

창의력 발휘하기. 연극을 하거나, 집단 토론을 하거나, SNS에 학교폭력 반대 메시지를 띄워보렴. 창의력을 발휘해 좋은 일을 아주 멋지게 해낼 수 있어!

Chapter 5 : 가족

어떻게 보면, 친구나 짝사랑 상대보다 가족들 사이에서 자기 표현을 하는 것이 더 중요해. 친구는 만나고 헤어질 수 있지 만 가족과는 함께 사는 데다 평생 관계를 유지하기 때문이지. 이 장에서는 가족이라는 울타리 안에서의 자기표현을 살펴 볼 거야. 왜 중요한지, 어떻게 해야 할지, 어려운 상황이 닥치 면 어떻게 헤쳐나갈지를 알아보자. 너는 앞으로도 항상 가족 에 속해 있을 거야. 그러니 가족들에게 네 마음을 전달하고 이해받는 것이 무척 중요하다는 사실을 기억하렴.

왜 지금일까?

    중학생이 되면 가족으로부터 예전보다 훨씬 독립적인 생활을 하게 되지. 살면서 필요한 선택을 직접 하는 것은 멋진 일이야! 하지만 앞서 봤듯이 중학생 시기에는 격렬한 감정 변화가 일어나기 때문에 가족들과의 관계도 혼란스러워질 수 있어. 게다가 너도 나이가 들면서 부모님이 인간적으로 보이기 시작할 거야. 너와는 다른, 각자 자기 몫의 잘못과 문제를 안고 살아가는 불완전한 인간 말이야. 그런 변화를 겪느라 이 시기에 힘겨운 과도기가 찾아오기도 해.

    중학생이 된 너는 예전보다 부모님에 대해 불만이 더 많아질 거야. 관계는 상대적인 것이어서 부모님 역시 너에게 화가 날 일이 많아지지. 이 기간을 잘 넘기려면 대화가 중요하지만, 그냥 엄마 얼굴 앞에서 방문을 쾅 닫아버리고 방에 틀어박히고 싶을 때가 생기지.

    예전보다 가족들과 대화하기 힘들다고 느끼겠지만, 이건 네 잘못이 아냐. 넌 지금 몸과 마음이 자라는 중이고, 가치관도 변하고, 자신이 정말 어떤 사람이 되고 싶은지 찾아가는 중이니까 그런 현상이 나타나는 건 지극히 자연스러운 일이야. 때때로 아무도 널 알아주지 않는다는 느낌이 들 수도 있지. 하지만 도움이 필요할 때 네가 아무 말도 하지 않는다면 가족들은 널 언제 어떻게 도와줘야 할지 알 도리가 없어. 네 기분이 어떤지, 무슨 생각을 하는지, 어떻게 해주었으면 좋겠는지 말해서 가족들이 널 돕게 해주자.

물론 가족들 역시 각자 변화와 어려움을 겪으면서 살아가기 때문에 네 이야기에 항상 귀를 기울이지는 못할 테고, 자기 마음을 표현하지 못할 때도 있어. 집집마다 가족의 모습은 천차만별이고 가족 내부의 사정도 제각각이야. 이 장에서 소개하는 자기표현 기술을 살펴보고, 무엇이 너와 네 가족에게 가장 적합한지 알아보자.

가족들에게 언제 자기표현을 할까

가족이라 해서 모든 일에 무조건 표현할 필요는 없어. 가끔 혼자 생각하고 싶을 텐데, 아주 자연스러운 일이야. 특히 온종일 짜증 나는 언니나 오빠에게 시달렸다면 그런 마음이 더더욱 굴뚝같겠지! 그러면 혼자 생각하는 편이 나을 때는 언제인지 판단해볼까?

다음과 같은 상황에서는 가족에게 자기표현을 하면 도움이 될 거야.

- 뭔가 중요한 일에 의견이 다를 때(123쪽을 참고하렴)
- 숙제할 책상, 숙면을 도와줄 커튼, 가끔씩 필요한 혼자만의 시간 등 네 삶을 나아지게 하려면 뭔가가 필요할 때
- 가족 중 누군가가 걱정될 때(예를 들어 동생이 위험한 무리와 어울리기 시작할 때)
- 특별히 우울하고 불안하거나, 스트레스가 심해서 도움이 필요할 때
- 숙제나 시험 준비에 도움이 필요하거나 전반적으로 성적을 올리기 위

해 조치가 필요할 때

- 통장 개설 같은 실용적 기술을 익히거나 악기 등 뭔가 새로운 것을 배우고 싶을 때(부모님이나 언니 오빠가 도와줄 수 있을 것 같을 때)
- 괴롭힘을 당하거나 친구, 선생님과 문제를 겪는 등 학교에서 심각한 일이 생겼을 때(129쪽을 참고하렴)
- 가족들 사이가 좋지 않아서 불편할 때
- 스스로 자랑스러울 때
- 가족 중 누군가가 자랑스러울 때
- 그냥 애정을 표현하고 싶을 때

가족 내에서 네 역할이 뭔지 알아내고, 그 역할을 끝내버려!

많은 사람이 가족 사이에서 배역을 맡아 연기를 해.
누구나 인정하는 '착한 아이'도 있지만 모두 혀를 끌끌 차는 '못된 아이'도 있지.
형제를 돌보는 보호자 역할이 있는가 하면, '부끄럼을 많이 타는 아이'
역할도 있어. 이렇듯 무수히 많은 역할이 존재해.

너는 자라면서 가족들의 기색을 살피고, 그 안에서 네가 어떤 위치인 지 알아내려고 노력하게 돼. 가끔 가족들은 너를 특정한 시각으로 바라 보지. '못된 아이', '착한 아이', '문제아', '말썽꾸러기', '골칫덩어리', '무능 력한 아이', '운동 잘하는 아이', '하버드 대학에 갈 아이' 등 이런 목록은 끝 이 없어. 가족들은 이런 꼬리표를 계속 굳혀나갈 테고, 넌 그것이 진짜 네 모습이고 당연히 그렇게 행동해야 한다고 믿으면서 그 역할을 떠맡을 거 야. 어쨌든 가족들이야말로 누구보다 널 잘 알지 않겠어? 하지만 항상 그 렇지는 않단다.

역할은 가족 관계의 기초가 되고, 서로 잘 맞춰나갈 방법을 이해하도 록 도와주지. 역할이 도움 될 때도 많아. 예를 들어 네 부모님은 '책임감 있는 분들'이고, 넌 배불리 먹고 따뜻하게 입고 충분한 보살핌을 받으리 라는 사실을 의심하지 않지. 부모님과 너의 역할이 이렇게 정해진 거야.

하지만 역할이 때로 네게 해가 되거나 네 가능성을 제한하기도 해. '무능력한 아이'는 스스로 항상 무능력하다고 느끼고, '중재자'는 늘 자기가 나서서 평화를 지켜야 한다고 생각하고, '못된 아이'는 자기가 나쁜 사람이라고 생각할 거야. 그 아이가 자라서 더는 가족들과 살지 않을 때도 꼬리표는 여전히 달려 있지.

하지만 가족 내 역할에는 네가 잘 모르는 커다란 비밀이 있단다. 역할은 충분히 바뀔 수 있을 뿐 아니라, 어떤 면에서는 역할 정하기 자체가 완전히 잘못된 행위라는 사실이야. 누구나 잘하는 것이 있겠지만 못하는 것도 있기 마련이잖아. 누구나 어떨 때는 부끄러워하고, 어떨 때는 활발하지. 싸움을 말리던 사람이 다음 순간 더 과격하게 싸우기도 해. 성격은 흑백으로 딱 정해져 있는 게 아니야.

가족 내 역할 때문에 솔직하게 마음을 표현하기 힘들다면, 너 자신이 실제로 어떤 사람인지 다시 한 번 생각해보렴.

사실 그렇게 쉬운 일은 아니야. 어떤 어른은 어린 시절 가족 사이에서 맡았던 역할에서 벗어나려고 몇 년 동안이나 치료를 받기도 해. 네 역할을 순식간에, 모조리 바꾸기는 힘들겠지만 내면에서 조금씩 변화를 시작할 수 있어. 사람들이 의외라고 생각하더라도, 너의 자기표현 방법을 배워나가면 돼.

자기표현을 시작하는 가장 좋은 방법은 너를 가로막는 존재가 엄청나게 대단해 보이더라도 하나하나 의문을 제기하는 거야. 그 생각을 바탕으로, 가족 내에서 네 역할에 대해 몇 가지 질문을 던져보자.

- 가족들이 너의 어떤 점을 좋게 얘기하니?

- 나쁘게 얘기하는 점은?

- 형제가 있다면, 그들과 비교해서 네 역할이 어떻다고 생각하니?

- 네 역할에서 뭔가 바꾸고 싶은 것이 있니?

- 네 역할은 네가 필요하거나 원하는 것을 표현하는 데 도움이 되니? 네 역할 덕분에 가족들이 네 말에 귀를 기울이고 공감하니?

네게 주어진 역할을 바꾸려면 먼저 그에 대해 비판적으로 생각해야 해. 깊이 고민한 다음 가족들의 기대에 저항하면(예를 들어 아무도 생각지 못한 순간에 자기표현을 하는 거야) 점차 바뀌나갈 수 있을 거야! 역할에서 벗어난 행동을 하면 처음에는 멀어지는 사람이 생길 수도 있어. 하지만 가족들은 널 사랑하는 것은 물론 네가 안전하고, 행복하고, 존중받기를 원한다는 사실을 기억하렴. 인내심을 갖고 계속 밀고 나가면 가족들도 결국 인정할 거야.

원하지도 않는 역할에 절대로 갇혀 있지 마.

가족들에게 어떻게 자기표현을 할까

네 가족에 대해서는 누구보다 네가 잘 알아. 엄마는 신경질적이고, 동생은 수줍음을 타고, 아빠는 무척 이해심이 많고 등등. 가족들의 성격에 맞춰주는 것도 중요하지만, 자기표현을 하려면 그런 일상에 조금은 반항할 필요가 있어.

그 균형을 잡는 데 도움이 될 내용을 소개할게.

부딪쳐보기. 네가 자기표현을 하면 가족들이 어떻게 반응할지 뻔하다고 생각하겠지만, 시도하지 않으면 실제로는 전혀 알 수 없어! 자기 의견을 말하는 게 무섭거나 위험하게 느껴질지도 몰라. 하지만 잠자코 있기만 한다면, 의견을 말했을 때 어떤 결과를 얻게 될지 끝까지 모를 거야.

다툴 때는 한 걸음 물러나기. 가족들끼리 한창 다투는 중이라면, 한 걸음 벗어나는 게 좋아. 감정이 격해졌을 때는 상대를 이해하려고 하지 않거든. 상황이 진정되고 나서 네 생각을 전달하면 돼. 그땐 가족들이 귀를 기울일 가능성이 커.

오붓한 시간 만들기. 아침에 바쁠 때나 말도 없이 문자메시지로, 아니면 싸우는 도중에 중요한 얘기를 꺼내면 상대가 네 말에 집중하기 힘들어. 가족들이 네 말에 귀를 기울이기 쉬운 환경을 만들어봐. 지금 당장 여유가 없다면 나중에 시간을 내달라고 요청해.

차분하게 대화하도록 노력하기. 네가 차분한 자세를 유지하면 다투지 않고 대화를 끌어갈 수 있어. 싸우자는 식으로 말을 꺼내지 말고 처음부터 차분하게 상황에 접근해보렴. 그러면 하고 싶은 말을 더욱 잘 전달할 수 있단다.

자기 입장에 확신 가지기. 자기 관점을 철저히 이해한 다음 일관된 태도를 유지해야 해. 네가 표현하고 싶은 요점을 마음속으로 말해보거나 글로 써보는 것도 도움이 될 거야. 나중에 말을 꺼낼 때 자신감을 더하는 방법이야.

타협의 여지 두기. 가끔 가족 중 누군가가 좋은 생각을 내놓기도 해. 귀를 기울이고 가족들의 의견을 존중해야겠지. 이런 때 뭔가 타협할 일이 생기기도 한단다(타협에 대해서는 70쪽을 참고해).

참을성 가지기. 가족들에게 처음 자기표현을 했는데 생각만큼 효과가 없었다고 하더라도 실망할 필요는 없어. 기억해, 네 얘기가 가족들에게는 낯설어서 상황을 파악할 시간이 좀 더 필요할 수도 있다는 걸.

자부심 가지기. 너는 위험을 무릅쓰고 자기표현을 했어. 무리해서 나섰지만 사람들이 여전히 네게 동의하지 않을 때가 있겠지. 그 사람이 가족이든, 친구든, 짝사랑 상대든 요점은 같아. 누군가 네게 반대한다고 네가 틀렸다는 뜻은 아니야. 네 생각을 표현했으니 고개를 당당히 들고 대화를 끝내도 돼.

다음에 소개하는 세 가지 사례는 케이트가 아빠와 나눈 대화야. 자녀들이 모두 축구를 하는 가상의 가족을 설정했어. 항상 축구를 해왔기 때문에 이 가족에게 축구는 아주 자연스러운 일이야. 하지만 케이트는 중학생이 되면서 자신이 축구를 전혀 좋아하지 않는다는 사실을 깨달았어. 지금까지 축구가 정말 중요하다는 말을 들으며 살았고, 그렇게 믿어왔기 때문에 몹시 혼란스러워졌어. 하지만 축구가 정말 중요할까? 케이트에게는 아니야, 적어도 이제부터는 말이야!

이런 상황에서 케이트에게 가장 좋은 대화 방법은 무엇일까?

대화 A

케이트: 아빠, 말씀드릴 게 있어요.

아빠: 응, 어서 말해보렴.

케이트: 왜 제가 축구를 하기 원하세요?

아빠: 넌 축구를 잘하고, 늘 좋아했잖니.

케이트: 네, 그런 것 같아요.

아빠: 왜 그런 걸 물어?

케이트: 아, 아무것도 아니에요. 그냥 여쭤본 거예요.

아빠: 그래. 저녁 먹을까?

케이트: 네. 손 씻고 올게요.

대화 B

케이트: 뭐 하나 여쭤봐도 돼요?

아빠: 그럼.

케이트: 축구를 왜 해야 하죠? 저는 싫은데 아빠가 하라고 강요하니까 정말 힘들어요!

아빠: 잠깐만. 넌 축구를 잘하고 또 좋아하니까 한 거잖니.

케이트: 아니에요! 저 축구 못해요. 자식한테 억지로 시키다니 정말 너무하지 않아요?

아빠: 아빠한테 그런 식으로 말하면 안 돼.

케이트: 내 말을 듣지도 않으시잖아요!

아빠: 그만해. 방으로 가.

대화 C

케이트: 뭐 하나 여쭤봐도 돼요?

아빠: 그럼, 뭔데 그러니?

케이트: 제가 이제 축구를 그만두고 싶다고 하면 기분이 어떠시겠어요?

아빠: 뭐라고? 진심이야?

케이트: 제가 축구를 계속하기를 정말 원하시는 것 같지만…. 요즘 많이 생각해봤는데요, 더는 하고 싶지 않아요.

아빠: 왜 마음이 바뀌었어? 지금까지 좋아했잖니!

케이트: 그냥 다른 것을 해보고 싶어요. 예전처럼 축구가 재미있지 않아요.

아빠: 뜻밖이네. 지금 당장 그만둬야겠어? 결승전이 다음 주인데.

케이트: 일단 결승전은 치러야겠지요. 그러고 나서는 그만두고 싶어요.

아빠: 흠…. 결승전이 끝난 다음 다시 얘기해보는 게 어떻겠니?

케이트: 좋아요. 약속하신 거예요.

아빠: 그래.

대화 A: 안 돼! 이 대화에서 케이트는 거의 곧바로 자기 의견을 굽히고 말았어. 속마음을 얘기하려 했지만, 제대로 끝내지 못한 거야. 아빠가 화를 낼까 봐 걱정이 됐거나, 자기 마음을 읽어주실 거라고 생각했나 봐. 어쨌든 케이트는 정말 원하는 것을 솔직하게 얘기하지 않았고, 결국 아무것도 바뀌지 않았어.

대화 B: 안 돼! 이 대화에서 케이트는 자기 마음을 표현하긴 했지만 지나치게 공격적으로 시작했고 싸움을 걸었어. 물론 이 문제에 감정이 앞섰으리라는 점은 이해가 돼. 하지만 감정이 지나치게 폭발했고 그러는 과정에서 아빠에게 버릇없이 굴었어. 아빠가 좋게 받아들일 리가 없지. 안타깝게도, 결국 원하는 바를 이루지 못했어.

대화 C: 좋아! 이 대화에서 케이트가 원하는 바를 당장 이루진 못했지만, A나 B에 비하면 목적을 이룰 가능성이 커. 왜일까? 그 문제에 대한 아빠의 기분을 존중했고, 차분하게 접근한 데다, 포기하지 않았거든! 더구나 타협안까지 냈어. 결승전에는 나가겠지만 그다음에는 축구를 그만두는 문제를 다시 상의하기로 했잖아. 어떻게 될지는 아무도 모르지. 나중에 다시 얘기할 때까지 아빠는 곰곰이 생각해보실 거야. 케이트 자신도 결승전을 뛰면서 그동안 축구를 얼마나 사랑했는지 떠올릴 수 있지. 무슨 일이 일어나든, 케이트는 속마음을 표현했고 자기 말에 아빠가 귀를 기울이셨다는 사실을 기억할 거야.

아주 어려운 일에 자기표현 하기

어려서부터 해온 축구를 계속할지 말지를 가족과 상의하는 건 크게 어려운 문제가 아니야. 하지만 우울증이나 마약, 중요한 학교 문제, 정체성과 성적 취향(142쪽을 참고해), 학대 같은 아주 심각한 일이라면 이야기하기가 힘들지. 매우 어렵고 혼란스러운 시간을 보낼 때는 꼭 가족과 상의해야 하지만, 정작 상의하려 하면 두려움이 앞설 수밖에 없어. '가족이 이해해주지 않으면 어떻게 하지?', '과잉반응을 보이면 어떻게 하지?' 등 '만약에…'가 끝없이 이어지면서 입을 뗄 수 없게 만들기도 해.

네가 힘들 때는 누구보다 가족의 도움이 중요해. 가족은 네가 어려운 시기를 보낼 때 도와주고, 더 강해지고 행복해지도록 해줄 책임을 갖고 있어. 가족들도 각자 어려운 시기를 겪어왔기 때문에 어떤 조치를 취해야 하는지 알 가능성이 커. 그럴 만한 여건이 안 된다면 널 도와줄 적절한 사람을 찾아줘야 해. 너는 가족들이 널 돌봐주고, 보호해주고, 안전하고 행복하도록 대책을 세워주리라고 믿어야 하고. 하지만 네게 무슨 일이 일어나고 있는지 가족들이 모른다면, 필요한 도움을 줄 수 없겠지.

살면서 불쑥 튀어나오는 장애물을 극복하고 어려운 상황에서 가족들에게 자기표현을 하는 방법을 소개할게.

혼란스러워도 걱정하지 않기. 스스로 완전히 이해하지 못하는 일을 이야기하기는 매우 어렵지만, 이때는 잘 모르겠다고 말하는 것도 자기표현이야. "왜 그런지 모르겠지만 가끔 슬퍼져요" 또는 "이유는 모르겠는데 학교생활이 힘들어요" 같은 얘기로 시작해도 돼. 정확히 무슨 일이 벌어지는지 알아내도록 가족들이 도와줄 수 있을 거야. 살다 보면 이런 혼란스러운 감정은 겪기 마련이니까 얼마든지 표현하렴.

정보 제공하기. 부모님이 너를 낳고 키워주시긴 했지만, 그렇다고 해서 네 마음까지 읽지는 못해. 네 말을 듣고 판단할 뿐이지. 네가 슬퍼하거나 우울해하거나 화를 내면 뭔가 이상하다고 생각하시겠지만 이유가 무엇인지는 정확히 모르셔. 사실 넌 그저 네 말을 들어주기를 바랄 뿐인데, 부모님은 네가 혼자 있고 싶어 하거나 조언해주기를 바란다고 생각하실 수도 있어. 당연하지 않니? 입 밖에 내서 말하기가 쑥스럽더라도 가능한 한 많은 정보를 드려서 최대한 효과적으로 널 도울 수 있게 해드리자.

가족들이 도울 수 있게 도와주기. 가족들의 접근 방식이 효과가 없다면 다른 방법을 써달라고 말해봐. 가족들이 상황을 너무 심각하게 또는 너무 비판적으로 바라볼 수도 있고, 그 반대로 아무 조치를 하지 않는 때도 있으니까. 예를 들어 네가 기대했던 말이 아닌 다른 말을 하실 수도 있지. "그 애한테 도움이 필요하다고 그 애 부모님과 얘기해봐야겠구나"를 기대했는데 "그 애랑은 절대 다시 어울리지 마!"라고 하시는 경우가 있잖니. 이때는 솔직하게 네 생각을 말씀드려. 다르게 접근하는 편이 좋겠다고 말이야. 또 효과 있는 접근 방식이라면 계속 그렇게 해달라고 말해봐 (134쪽의 '내 이야기'를 참고해).

누가 괴롭히면 곧바로 알리기. 선생님이든 형제든, 같은 반 학생이든 교실 밖 친구든, 남자친구든 여자친구든 상관없어. 누가 널 괴롭히거나 부적절한 행동을 하면 부모님이나 그 외 믿을 만한 어른에게 얘기해. 날짜나 장소 등 상세한 상황을 최대한 기억해서 말해야 해.

대화가 불가능한 가족

아무리 해도 가족이 네가 원하는 반응을 보여주지 않을 수도 있어. 안타깝지만, 감정을 대수롭지 않게 여기거나 어떻게 다뤄야 하는지 모르는 거야. 이런 상황은 자기표현을 하는 데 참 어려운 조건이지. 네 행동 방식은 바꿀 수 있지만 다른 사람을 바꾸지는 못하니까.

네가 아무리 노력해도 가족들이 자기표현을 용납하지 않을 듯하면, 학교에서 상담 선생님을 찾아가 가족 관계를 개선하게 도와달라고 해봐. 선생님이 직접 너와 상담을 하든지, 아니면 심리 치료사나 사회 복지사 등을 추천해주실 거야.

가족들에게 자기표현을 할 수 없으면 믿을 만한 친구나 어른, 멘토 등 네게 다른 관점을 제시해줄 수 있는 사람과 가깝게 지내야 해. 가족들이 특별한 관심을 보이지 않는다고 해서 모든 어른이 네 목소리를 억압하려 들 것이라고 생각하지는 마. 자기표현은 아주 중요하고, 싸워서 지켜낼 만한 가치가 있는 일이야.

좋은 일이 있을 때

물론, 힘든 일이 생겼을 때는 가족들에게 얘기할 이유가 충분하지. 그런데 좋은 일은 어떨까?

네가 무엇인가를 성취해서 자랑스러운데 생각만큼 인정받지 못할 때가 있을 거야. 예를 들면 좋은 성적을 받았거나, 축구에서 득점했거나, 동생을 아주 잘 돌봤거나 하는 일 말이야. 이런 좋은 일도 얼마든지 표현하는 것이 좋아. 누구나 자기를 알아보고 인정해주길 바라잖아. 그렇게 해달라고 요구하는 것이 절대로 부끄러운 일이 아니야!

자랑스러운 일을 가족들에게 표현한 사례를 몇 가지 살펴보자.

제이다: 이거 좀 보세요, 저 수학에서 A 받았어요. 냉장고에 붙일까요?

매디: 어젯밤에 아기를 한 번도 안 울리고 세 시간이나 돌봤어요! 고맙다는 말이 절로 나오시죠? 그 보상으로, 오늘 밤에 TV를 좀 더 오래 봐도 돼요?

재키: 엄마, 이거 마인크래프트에서 제가 처음 만든 건물이에요. 어때요?

슈루티: 저 제 생각을 당당하게 말했어요! 눈치채셨어요?

가족에게 사랑한다거나 함께 있어 줘서 고맙다는 말을 하고 싶다면 어떻게 할까? 평소에 적극적으로 애정 표현을 하지 않는 편이라면 좀 어색할 거야. 하지만 소리 내어 이런 말을 하면, 더욱 관계가 돈독해지고 서로 무뚝뚝하던 가족들이 애정 표현을 시작할 수 있어.

제이다: 항상 잘해드리지는 못하지만 정말 많이 사랑해요.

매디: 언니는 지구에서 최고로 멋진 언니야.

재키: 엄마, 우리 둘이서만 여행 가고 싶은데 어때요?

슈루티: 우리 인사할 때마다 서로 안아주기로 할까요? 친구네 가족이 그렇게 하는데 정말 좋아 보이더라고요.

내 이야기

어렸을 때 난 음식에 집착했어. 먹는 데 집착했다는 얘기가 아니라 어떻게 하면 안 먹을까를 생각했지. 한입씩 먹을 때마다 칼로리는 얼마일까, 이 당근 한 조각을 연소시키려면(당근 말이야!!) 운동을 얼마나 해야 할까.

난 섭식장애에 대해 부모님께 입도 벙긋하지 않았어. 부모님도 결국 내 몸에 드러나는 문제와 내가 음식을 꺼리는 모습을 눈치채셨지. 그런데 부모님이 대화를 시도하실 때마다 난 거부했어. 창피했고 무슨 말을 해야 할지 알 수가 없었거든.

언젠가 추수감사절에 엄청나게 먹어댔던 기억이 나. 추수감사절은 음식을 중시하는 명절인 데다 가족들이 날 지켜보는 느낌이 들어서, 왠지 꼭 먹어야만 할 것 같았어. 먹은 다음에는 거실로 가서 조용히 TV를 봤어. 기분이 정말 좋지 않더라. 몸도 마음도 많이 먹는 데 익숙하지 않았거든. 단번에 50킬로 그램은 찐 듯(물론 아니었지. 난 여전히 뼈와 가죽만 남은 상태였어) 거북한 느낌이었어. 그러다가 말로 표현할 수 없을 만큼 슬퍼지더라.

아빠가 물어보셨어. "그렇게 먹으니 기분이 어때? 우울해?" 난 "네"라고 대답했어. 아빠는 아무 말씀도 하지 않으셨어. 그게 다였어.

무척 사소한 사건이었지만 아빠는 당시 다른 사람들(가족, 양호 선생님, 선생님, 친구)과는 전혀 다르게 다가오셨어. 끔찍스러워하거나 혼란스러워하지 않고, 내게 공감하고 관심을 보이셨지. 세상이 나를 어떻게 보는지 생각하기보다 내 의견을 먼저 물으셨어. 다른 사람들이 예전에 했던 "넌 너무 말랐어", "당장 이것 다 먹어!" 같은 말과 "왜 그렇게 몸무게를 걱정하니? 지금 이대로도 충분히 예쁜데"는 천지 차이였지.

아빠의 그 단순한 질문이 아직도 잊히지 않아.

돌이켜 생각하면, 무엇이 필요한지 가족들에게 얘기하는 게 좋았겠다 싶어. 겉으로는 혼자 내버려 두라는 듯이 행동했지만 사실 속으로는 부모님이 내게 말을 걸어주길 계속 바랐거든. 그날 아버지에게 이렇게 대답했으면 얼마나 좋았을까. "네. 그렇게 먹고 나서 우울해졌어요. 도와주세요. 부담 갖지 마시고 절 도와주세요. 저도 왜 이러는지 모르겠어요. 아빠, 저를 포기하지 말아 주세요."

내 성격을 생각하면, 중학교 때 그런 식으로 아빠에게 마음을 열었을 것 같지는 않아. 감정이 늘 격하고 혼란스러웠거든. 당시의 나뿐 아니라 대부분의 중학생이 마음을 열기가 쉽지 않다고 느낄 거야. 하지만 아무리 힘들더라도 그날 내 기분을 솔직히 말했다면 아주 큰 변화를 만들었겠지.

섭식장애를 완전히 고치는 데는 오랜 기간이 걸렸지만, 정기적인 치료를 받고 정신적으로도 성숙하면서 마침내 완전히 나았어. 그에 비하면 효과적으로 자기표현을 하는 일은 내가 아직도 매일 치러야 하는, 절대 멈추지 않을 전쟁이지!

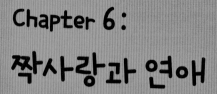

Chapter 6 :
짝사랑과 연애

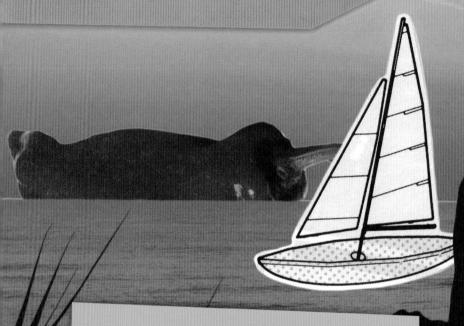

중학생이 되면 짝사랑과 연애가 너와 친구들의 삶에 무척 큰 영향을 주기 시작해. 물론 누구나 그렇다는 얘기는 아니야. 짝사랑이나 연애 한번 해보지 않고 아무 문제 없이 중학교를 졸업하는 사람도 있어. 하지만 누군가에게는 아주 중요한 일이고, 또 누군가에게는 집착이 되기도 해!

쉬운 일이 아니지

이성 관계에서 누군가에게 좋아한다고 고백하거나 데이트를 신청하는 것만 자기표현은 아니야. 물론 그 일부이기는 해. 하지만 이성 관계에서 고백이나 데이트 신청 못지않게 자기표현이 중요해지는 때가 있어. 이번 장에서는 짝사랑이나 연애를 할 때 시작부터 끝까지 모든 단계의 자기표현을 살펴볼 거야. 자신의 감정을 이해하고 표현하는 법을 배우면 큰 도움이 된단다.

데이트 신청

네가 확실히 상대를 좋아하고 데이트를 하고 싶으면 한번 도전해봐! 방법은 아주 많아. 이메일을 쓰거나, 직접 얘기하거나, 문자를 보내거나, 손편지를 쓰거나, 비둘기를 날려 보내거나…. 하지만 그 많은 방법이 있는데도 사람들은 불안해하거나 심지어 무서워하지.

어떤 생각이 널 가로막는지, 그에 어떻게 맞서야 하는지부터 알아보자.

거부당할까 봐 무서워. 전형적인 이유야. 어른들도 똑같거든! 자기표현이 대개 그렇듯 데이트를 신청할 때도 위험을 감수해야 해. 네가 짝사랑하는 애가 수없이 신호를 보내는 것 같긴 한데, 정말 너와 데이트하고 싶은지 확신할 수는 없어. 하지만 한 가지는 확실하지. 물어보지 않으면 알 수 없다는 것. 그 애가 널 어떻게 생각하는지 최대한 알아본 다음 행동으로 옮겨! 상대가 거절하면 서로 어색해지겠지. 그래 봤자 얼마 동안이야. 금방 괜찮아질 테니 무서워할 필요 없어.

정해진 방식대로 해야 하지 않을까? 데이트 신청은 남자가 여자에게 하는 거라는 말을 많이 들어봤을 거야. 사회적 위치가 맞는 사람끼리만 데이트해야 한다거나, 쪽지를 보내면 안 되고 직접 물어봐야만 한다거나 하는 것도 있지. 하지만 모두 근거 없는 이야기야. 데이트 신청에 정답은 없어. 확실해! 데이트를 신청하고 싶으면 네가 편하다고 느끼는 방법으로 하면 돼.

일단 '데이트'를 하면 무슨 관계가 되지? 좋은 질문이야. 솔직히 말해서 중학생일 때는 좀 헷갈리는 문제거든. 이성 교제가 막 시작된 십대 초반에는 커플마다 그 의미가 완전히 다를 수 있어. 네가 이 관계에 어떤 기대를 하는지 표현하는 것이 무척 중요해. 거의 모든 사람이 그 관계에 대해 다른 생각을 하기 때문이지. 관계란 덧셈 공식처럼 부분의 합에 불과해. 그게 다야. 그 관계에 네가 뭔가를 기여하고 상대도 뭔가를 기여하지. 네가 교제를 시작했다고 해서 갑자기 번개가 내리쳐 특별한 혜택, 새 삶, 새 외모, 새 뇌를 주지는 않아. 너와 상대방이 함께 관계를 쌓아갈 뿐이야!

네가 원하는 것을 얻으려면 주도적으로 행동해야 해. 예를 들어 사귀기로 했다 해서 갑자기 주말마다 그 애와 영화를 보게 되어 있진 않아. 둘 중 한 명이, 또는 함께 제안하고 실행해야 하지. 또 사귄다고 해서 상대가 자동으로 "사랑해, 사랑해, 사랑해"라고 말해주리라 기대해서는 안 돼. 누구나 사랑을 다르게 정의하는 데다 "사랑해"라는 말을 하는 이유도 다르니까.

그냥 짝사랑일 거야. 데이트 신청을 망설이는 중요한 이유야. 연애를 할 준비가 되지 않았다고 해서 걱정하지는 마! 짝사랑을 할 때마다 고백할 필요는 없어. 사실 짝사랑 자체도 재밌잖아. 복잡하지도 위험하지도 않으면서 설레는 기분을 만끽할 수 있지. 그 기분을 즐기고, 꼭 다음 단계로 발전시켜야 한다는 부담을 버리는 것도 좋아.

거절하기

누가 데이트를 신청했는데 마음이 내키지 않으면 두려워하지 말고 거절하렴. 정말 좋아하지도 않는 사람과 억지로 얽히고 싶지는 않을 테니 말이야. 단, 친절하게 대해야 한다는 것은 기억해야 해. 매몰차게 거절했다가는 상대방에게 큰 상처를 줄 수 있거든. "미안해, 나도 널 좋아하지만 지금 사귀고 싶은 마음은 없어"라고 말하는 편이 "뭐, 진심이야? 너랑 내가? 말이 된다고 생각하니?"보다 훨씬 나아. 상대가 거절을 받아들이지 않고 계속 귀찮게 한다면 어른에게 말해야 해.

정체성 혼란

학교에 널리 퍼진 이성 교제 공식에 관심이 없어도 괜찮아. 다시 말해, '이성 교제 = 남자친구 + 여자친구'가 세상에 존재하는 유일한 공식은 아니라는 뜻이야.

동성애자, 양성애자, 성전환자, 무성애자, 아니면 자기 정체성을 모르는 중학생들도 있어. 이들은 많은 도전에 부딪히게 되지. 자신이 남과 다르다는 것을 알게 되는 것만으로도 혼란스러운데, 그 때문에 괴롭힘을 당하기도 해. 결국 자기 정체성을 받아들이기까지 여러 단계를 거쳐 가지. 지금 너는 불확실한 정체성과 싸우고 있을 거야(가족들에게 도움을 구하고 싶다면 129쪽을 참고하렴). '내가 다른 애들과 다르면 어떡하지?', '여자애들과 친구 이상의 관계가 되고 싶어지면 어떡하지?', '남자애가 좋아지지 않으면 어떡하지?', '내 몸이 불편하게 느껴지면 어떡하지?', '그건 무슨 의미일까? 의미가 있기는 할까?'

중학생이 자기가 누군지 정확히 이해하기는 힘들어. 네가 같은 반 아이들과 다르다고 느껴지거나, 심지어 친구들에게 괴롭힘을 당하고 있다면 더더욱 힘들 거야. 통계 자료를 보면 매우 비관적이야. 동성애자 아이는 이성애자 아이에 비해 자살할 확률이 네 배나 되고, 성전환을 한 아이 중에 4분의 1이 살면서 한 번은 자살 시도를 한다고 해.

스스로 학교나 사회의 틀에 맞지 않는다는 생각이 들어도, 그런 사람이 너 혼자는 아니라는 사실을 꼭 기억하렴. 공식적으로 '커밍아웃'할 준비가 되지 않았다면, 믿을 만한 사람에게만 털어놓거나 힘든 시간 동안 널 이끌어줄 단체를 찾아봐.

너만 괜찮다면 친구, 가족, 학교 상담 선생님처럼 가까운 곳에서 도움을 구해도 돼. 다른 곳을 찾아보고 싶으면 다음 단체를 확인하렴.

- 괜찮아질 거야 프로젝트[It Gets Better Project](www.itgetsbetter.org)에서는 너와 같은 경험을 했지만 마침내 극복한 사람들의 감동적인 일화를 소개하고 있어.
- 인권 캠페인[Human Rights Campaign](www.hrc.org/resources/category/coming-out)은 커밍아웃에 대해 설명해줘.
- 트레버 프로젝트[The Trevor Project](www.thetrevorproject.org)는 동성애자, 성전환자, 그 밖에 혼란을 겪는 아이들의 위기 상황에 개입하고 자살을 방지해. (미국 국가번호)1-866-488-7286으로 24시간 상담전화를 걸 수 있어.

(우리나라에서는 다음 단체의 도움을 받을 수 있다-옮긴이
- 아하!서울시립청소년성문화센터(www.ahacenter.kr): 청소년 성교육 및 성상

담기관. 성교육 체험관, 가족 프로그램, 동아리 활동 등을 진행한다.

• 탁틴내일(www.ausung.net): 성문제로 고민하는 청소년을 위해 상담소를 운영하며, 사이버·전화·면접 상담이 가능하다.)

경계 짓기

경계를 짓는 건 이성 교제에서 자기표현을 할 때 아주 중요한 문제지. 중요한 만큼 어렵기도 해. 경계를 지으려면 네가 어떨 때 편하고 어떨 때 불편한지 상대방에게 말해줘야 해. 상대방이 선을 넘었을 때 알려주거나, 적어도 네 선이 무엇인지 알려주는 거야. 네가 그 선이 어디인지 잘 모르면 상대방도 어디를 어떻게 존중해야 할지 알 수 없어. 아무도 네 마음을 읽을 수 없다는 것, 기억하지?

개인적으로 경계를 짓는 몇 가지 사례를 소개할게.

- 밤 9시가 지나면 전화나 문자를 받을 수 없어. 부모님이 화내실 거야.

- 지금 키스 이상을 할 마음의 준비가 안 됐어.

- 너랑 온종일 같이 보내는 것 같아. 내 시간이 좀 더 필요해.

- 내 옆에서 담배 피우는 거 싫어.

다음은 앞 내용보다 좀 더 요구사항에 가까워.

- 무슨 일이 있어도 나에게 정직했으면 좋겠어.
- 나한테 더 집중해줬으면 해.
- 네 기분이 어떤지 말해줘.
- 학교 밖에서 함께 뭔가를 했으면 좋겠어.

경계를 지을 때는 확실히 해야 해. 상대방이 어떻게 생각할지 걱정하지 않아도 돼. 너희 두 사람은 관계를 책임지는 당사자야. 합리적으로 타협할 수도 있지만(타협에 대해서는 70쪽을 참고해), 그 문제가 너에게 정말 중요하다면 굽히지 마. 너 역시 이 관계의 주인공이고, 편하고 멋진 관계를 만들어갈 권리와 책임이 있어.

이성 교제에서 경계를 지을 때는 다음 내용을 명심하렴.

직감을 믿기. 본능은 틀리는 경우가 거의 없어! 정확한 이유는 모르더라도 뭔가 이상하거나 불편하다는 생각이 든다면 그건 잘못된 일일 가능성이 커. 네 직감은 거의 옳을 테니 꼭 귀를 기울이렴. 인생에 도움이 되는 충고니까 명심하길!

불확실성 인정하기. 네 경계가 어디쯤인지 100퍼센트 확신하지 못해도 괜찮아. 느낌이란 게 원래 불확실한 경우가 많잖아! 모든 답을 단번에 찾아야 한다고 자신을 압박할 필요는 없어. 말했잖아, "무슨 느낌인지 잘 모르겠어"라는 말도 자기표현이라고. 그저 천천히 생각할 시간이 필요하거나, 네 경계가 무엇인지 이것저것 시도해볼 필요가 있을지도 몰라.

나쁜 녀석을 참지 마. 네가 선을 그었는데도 상대방이 말을 듣지 않고 널 설득해서 네 감정을 바꾸려고 한다면, 그 애를 떠날 때야. 그런 바보와 어울리면서 낭비하기에는 인생이 너무 짧아! 관계를 정리할 때 필요한 정보는 150쪽을, 학대일 가능성이 큰 관계는 154쪽을 참고하렴.

더 즐거운 관계 만들기

경계와 규칙이 관계의 전부가 되면 안 돼. 물론 관계도 노력이 필요한 일이지만, 함께하는 시간이 최대한 즐거워야겠지! 그렇지 않다면 뭐하러 연애를 하겠어?

지금 관계가 지루해졌고 뭔가 새로운 것이 필요할 때도 있어. 넌 정말 상대방을 소중하게 생각하는데 표현이 부족할 수도 있지. 그럴 땐 자기 표현이 도움이 돼!

좀 더 활기찬 관계를 만들기 위해 몇 가지 방법을 살펴보자.

새로운 일 제안하기. 참신한 아이디어를 생각해봐. "산책하러 가자!", "너희 가족에 대해 말해줘, 난 전혀 모르거든", "캐치볼하자!" 같은 얘기를 해보렴. 커플에게는 가끔 새로운 것, 특히 재미있는 새로운 것이 필요해.

아무 이유 없이 선물하기. "넌 멋져"라는 표현을 하고 싶을 때 선물만큼 좋은 것은 없어. 생일도 기념일도 아니고, 아무 이유 없을 때가 더 좋아!

비싼 선물을 준비할 필요는 없어. 뭔가를 만들거나 손편지를 쓰거나, 특별한 의미가 있는 장소로 데려가는 것도 좋아. 상대방에게 네 마음을 보여줄 수 있는, 낭만적이고 쉬운 방법이야. 네 손재주나 글씨, 노래 솜씨, 예술적 재능을 보여줄 기회도 되지!

마음 열기. "이거 재미있다!", "네가 정말 좋아" 같은 말을 자주 하면 좋은 관계를 유지하는 데 무척 효과적이야. 당연한 말을 하는 것 같아도, 소리 내어 말을 하면 너도 상대방도 더욱 실감이 날 거야!

안타깝지만 아무리 좋은 관계도 영원하지는 않아. 싫증이 나거나 불만이 생기거나, 다른 사람 또는 다른 일에 관심이 갈 수도 있지. 이유가 무엇이든 그 관계는 끝장이 난 셈이야. 이제 헤어질 시간이야!

이별은 절대 쉽지 않고, 이제 그만 헤어지자는 말을 하려면 엄청나게 노력해야 해. 정말 어려운 대화를 시작해야 하는데, 대화가 끝난 다음 상대방이 어떻게 반응할지도 전혀 알 수 없지. 그 애는 상처받거나, 화나거나, 깜짝 놀랄 거야. 양쪽이 완벽하게 동의하지 않는 한(가끔 있는 일이지) 이별은 누구에게나 힘들어. 적어도 한동안은 말이야.

이별을 할 때 힘들고 짜증 나기는 해도, 대부분 빨리 끝난다는 장점이 있지. 네가 일단 관계를 끝내기로 마음먹었다면 이별을 위한 대화만이 남았을 뿐이야. 문제를 해결하려고 노력하는 것이 아니라 관계를 끝내고 서로 다른 길을 가면 돼. 자, 어느 쪽이 더 힘들겠니? 어렵고 불편하지만 빠른 이별, 아니면 마음에도 없이 질질 끄는 관계 중에서 말이야.

이별하자고 얘기할 때는 다음 내용을 참고하렴.

1대1로 대화하기. 어떤 방법으로 헤어지든(쪽지, 문자메시지, 직접 만나서, 그 밖에 무엇이든), 상대방 혼자 전달받아야 해. 그 애 친구들 앞에서 얘기하면 안 돼. 상처받은 마음에 모욕감까지 더해질 거야.

메시지는 간단하고 단호하게. 너희 관계에서 무엇이 잘못됐는지 길게 나열할 필요는 없어. 그렇게 했다간 싸움이 일어나거나 상대가 반박하고 나설 수 있거든. 이것은 이별이지 토론이 아니야. 네가 하고 싶은 말의 요점을 적어서 먼저 몇 번 연습해보는 것도 도움이 될 거야.

부드럽게 말하기. 이별을 할 때는 태도가 중요해. 가능한 한 대화가 부드럽게 이어지는 편이 좋지 않겠니? 상대에게 상처를 주거나 못된 말을 주고받으며 싸우고 싶지는 않을 테니까.

상대의 반응을 염두에 두기. 누구나 헤어지자는 말을 들으면 어떻게든 반응을 할 거야. 그것이 이별의 법칙이지! 상대방이 슬퍼하거나, 좀 화를 내거나, 혼란스러워한다고 해서 놀라지는 마. 감정이 격해지는 것은 자연스럽지만 상대가 그렇게 반응한다고 결심이 흔들려서는 안 돼.

거리 두기. 이별을 극복하려면 시간과 거리가 필요할 때가 있어. 헤어진 다음에는 당분간 연락을 피하는 게 좋아. 언젠가는 껄끄러운 상황이 정리되고 둘 다 이별을 극복할 거야. 그때쯤이면 서로 친구가 될 수도 있어.

가장 현명한 이별의 말은?

A: "얘기 좀 할까? 그냥 다 지겨워서 이제 더는 만나고 싶지 않아. 설마 너 지금 울려고 그러는 거야?"

B: "얘기 좀 할까? 너를 정말 많이 좋아하고 그동안 즐거웠지만, 이제는 정리하고 싶어. 진심으로 미안해. 대화를 하고 싶다면 언제든 괜찮지만 당분간은 좀 떨어져 있는 편이 나을 것 같아."

C: "너 예전에 닉한테 우리 가족 얘기했던 일 기억해? 나한테 전화한다고 말해놓고 잊어버린 건? 내 신발을 놀렸던 건? 이런 일 하나하나가 난 정말 싫었어. 헤어지고 싶어."

정답은 B야!

A는 지나치게 무신경하게 이별을 통보했고, 상대의 자연스러운 반응을 웃음거리로 삼았어.

C는 너무 장황한 데다 싸움을 일으킬 수 있어. 누가 너를 저런 식으로 비난한다면 당연히 반발심이 생기지 않겠니?

B는 간단하고, 사려 깊고, 단호해.

학대당하는 관계

'학대'라는 말을 들으면 신체적 폭력이 가장 먼저 떠오를 거야. 맞아, 폭력은 학대에 해당하지. 누가 네 몸을 학대한다면 즉시 어른에게 알려야 해.

하지만 신체적인 폭력보다 조금 모호하게 학대가 이루어지는 경우도 정말 많아. 그런 상황을 빨리 알아차린다면 그러지 말라고 말해서 자신을 보호하고, 심각한 피해를 당하기 전에 헤어질 수 있어.

학대당하는 관계를 나타내는 징후를 몇 가지 살펴보자.

- 상대방이 계속 너를 통제하려는 듯 감시해. 어디에 있는지 계속 확인하고 사소한 일까지 꼬치꼬치 캐묻지.
- 스스로 상황을 통제하기 어렵다는 생각이 들고, 일상생활에 집중하기가 무척 힘들어.
- 분명 상대방이 잘못했는데도 모든 것이 네 잘못이라고 느끼게 해.

- 학교폭력 가해자와 같은 행동을 해(괴롭힘의 징후에 대해 91쪽을 참고하렴).

이런 일이 일어난다면 당장 그 사람과 헤어지고 거리를 두어야 해. 널 놓아주지 않는 것도("정말 미안해"라며 수작을 부려도 마찬가지야) 학대야. 이런 일은 네가 생각하는 것보다 훨씬 자주 일어나니까 부끄럽게 생각하지 말고 부모님이나 상담 선생님께 말씀드려. 어른들은 널 보호하고, 그 사람과 적당한 거리를 유지하도록 확실한 조치를 해줘야 해.

Chapter 7 : 학교생활

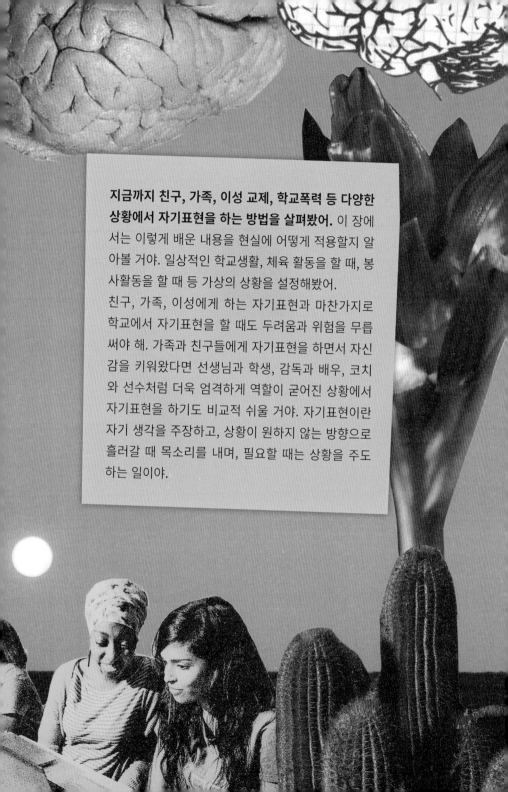

지금까지 친구, 가족, 이성 교제, 학교폭력 등 다양한 상황에서 자기표현을 하는 방법을 살펴봤어. 이 장에서는 이렇게 배운 내용을 현실에 어떻게 적용할지 알아볼 거야. 일상적인 학교생활, 체육 활동을 할 때, 봉사활동을 할 때 등 가상의 상황을 설정해봤어.

친구, 가족, 이성에게 하는 자기표현과 마찬가지로 학교에서 자기표현을 할 때도 두려움과 위험을 무릅써야 해. 가족과 친구들에게 자기표현을 하면서 자신감을 키워왔다면 선생님과 학생, 감독과 배우, 코치와 선수처럼 더욱 엄격하게 역할이 굳어진 상황에서 자기표현을 하기도 비교적 쉬울 거야. 자기표현이란 자기 생각을 주장하고, 상황이 원하지 않는 방향으로 흘러갈 때 목소리를 내며, 필요할 때는 상황을 주도하는 일이야.

학교에서 자기표현이 필요한 이유

학교에서 자기표현을 해야 하는 이유는 무수히 많아. 중요한 이유 몇 가지를 알아보자.

- 학급 토론이나 단체 프로젝트에서 의견을 내고 싶어.
- 학급 토론이나 단체 프로젝트를 이끌고 싶어.
- 네 종교적·개인적 믿음에 어긋나거나, 건강이나 감정 문제 때문에 어떤 토론이나 활동에 참여하기가 어려워.
- 어떤 과목이 어려워서 도움이 필요해.
- 선생님이 숙제나 시험에 대해 명확하게 알려주지 않았어.
- 토론에서 모욕적인 발언을 들었거나 어떤 표현이 불쾌하게 느껴져.
- 학교 내에서 차별을 목격했어. 예를 들어 선생님이 여학생의 말은 들은 체도 않고 남학생에게만 의견을 물었어.
- 선생님이 부적절하게 행동했거나 선을 넘어서 폭력, 학대에 가까운

행동을 했어(111쪽을 참고해).

- 학교생활에서 화장실 청결 상태나 식단, 현장학습 등 어떤 분야를 개선하고 싶어.

- 네 생각보다 낮은 성적을 받았어.

- 선생님이 불공평하게 너만 지목하거나 무시해.

일상생활에서 자기표현 하기

학교에서 자기표현은 중요한 문제가 있을 때만 특별히 하는 일이 아니야. 매일 교실, 복도, 식당에서 자기표현을 연습할 수 있어. 지금까지 살펴본 자기표현 방법에 더해서, 학교에서의 자기표현 방법을 구체적으로 소개할게.

끊임없이 손 들기. 어떤 주제의 토론이든 참여가 중요해. 하고 싶은 말이 있으면 손을 들어! 나쁜 일이 생긴다 한들 뭐가 있겠니? 질문에 틀린 답을 하는 것? 누군가 네 의견에 반대하는 것? 어느 쪽이든 넌 새로운 점을 배우고 네 의견을 주장할 수 있어.

도움 청하기. 공부를 하다가 도움이 필요하면, 수업 도중이든 끝난 다음이든 부끄러워하지 말고 마음껏 질문하렴. 누구나 도움이 필요할 때가 있어. 질문하기 창피하다는 이유로 뒤떨어지고 싶지는 않잖아.

두려워하지 말고 반대하기. 학급 토론에서 친구가 아주 강하게 자기 의견을 주장한다고 해도, 네가 그 의견에 반대한다면 두려워하지 말고 얘기해. 사실 토론을 할 때는 약간 논쟁이 붙는 편이 더 유익해. 네 의견도 소중하니까, 다른 사람의 의견에 동의하지 않을 땐 무조건 굴복하지 마. 말다툼이 일어나더라도 서로 의견 차이를 인정하면 돼!

요구사항 표현하기. 선생님이 네 마음을 읽을 순 없어. 부상이나 질병, 장애, 아니면 그저 불안해서 어떤 활동을 하기 힘들 때는 선생님이나 상담선생님, 부모님에게 얘기해. 네가 정말 어려움을 겪는다면 학교에서 기꺼이 협조해줘야 해.

단체 프로젝트 주도하기. 주도하기를 무서워하지 마. 같은 반 친구들과 마찬가지로 너에게도 책임질 능력이 충분해. 50쪽에서 다뤘던 자신감을 기억하렴. 원하는 바를 이룰 때까지 자신 있게 행동하고, 사과하지 말고, 두려움을 헤쳐나가는 거야! 네가 이 단체 프로젝트를 가장 잘 이끌 수 있겠다는 생각이 들면, 망설이지 마! 과제를 검토하고, 생산적이고 멋진 토론을 끌어내고, 각자에게 책임을 나누어주면서 힘차게 이끌어가는 거야.

정해진 남녀 역할에 매일 조금씩 저항하기. 여학생이 남학생보다 학교 성적은 좋은 편이지만, 학급 토론이나 단체 프로젝트에서는 더 조용하다는 연구 결과가 있어. 여학생은 사과를 자주 하고 손을 덜 들고, 주도하기를 부끄러워하지.

남학생들이 더 잘해서 이런 일이 일어나는 것이 아니야. 여학생이 알지 못하는 비밀스러운 지식을 남학생이 갖고 있을 리도 없잖아. 남학생은 제멋대로 굴어도 괜찮고 또 그런 행동을 해도 반에서 말발이 서지만, 여학생은 조용히 해야 한다는 무언의 압력을 받기 때문이야. 앞서도 말했듯이 선생님은 **남학생에게 일을 더 많이 시키고**, 남학생의 반응에 귀를 더 기울이는 경향이 있어. 차별은 부당하지만 실제로 구별해내기는 어려워. 항상 자신 있게 행동하고, 자기표현을 하고, 주도적인 역할을 해서 이런 현상을 매일 조금씩 바꿔가렴. 또 다른 힘든 현실이 나타나도 무릎을 꿇지 말고 네 목소리가 얼마나 가치 있는지 세상에 보여줘.

큰일이 발생한다면

　학급 토론을 할 때나 숙제에 도움이 필요할 때 말고도, 학교에서 더 큰 문제가 생길 때 자기표현이 필요한 경우가 많아. 그런 중대한 문제에 네가 발언할 자격이 없다는 생각이 들 수도 있어. 책임을 질 사람은 선생님이나 교직원들이고, 넌 그냥 힘없는 학생이니까, 그렇지?

　흠, 그분들에게 책임이 있고, 네가 그분들 말에 따라야 하는 건 맞아. 하지만 생각해보면 네가 다니는 학교는 널 위한 곳 아니니? 넌 최대한 훌륭하고 공정한 교육을 받을 권리가 있어. 그러니까 중요한 결정이나 정책에 네 의견을 말할 권리는 충분해. 복도를 마구 뛰어다니거나 수업 중에 껌을 씹으면 안 되겠지만, 학생이 의견을 내놓는 걸 막을 규칙은 없어.

　중요한 학교 문제에 자기표현을 할 때는 다음 내용을 참고해.

　선생님과 대화하기. 선생님에게 부당한 취급을 당했거나 생각과 다른 성적을 받았다면 수업이 끝난 후 말씀드려. 따로 만나서 차분하게, 그리고 비난 조를 피해서 그 문제를 제기하렴. 싸움이 아니라 의논으로 대화를 풀어가야 해. 예를 들어 "어떻게 이런 성적을 주실 수가 있어요? 시키신 건 모조리 다 했는데!"보다는 "왜 제게 이 성적을 주셨는지 궁금해요. 몇 가지 빠진 부분도 말씀드리고 싶고요"라고 말하는 편이 나아. 최소한 왜 그런 성적을 받았는지 좀 더 이해가 가는 설명을 들을 수 있을 테고, 최선의 경우에는 실제로 점수가 다시 매겨지겠지.

교장 선생님과 대화하기. 네가 얘기할 수 있는 가장 높은 권위자가 담임 선생님은 아니야. 담임 선생님이 네 얘기를 듣고도 아무 반응을 하지 않거나 학교 전체에 적용되는 문제(건강에 해로운 급식 메뉴나 차별 등)가 있다면, 교장 선생님께 말씀드려봐. 그러기 위해 도움을 받고 싶으면 부모님이나 상담 선생님께 먼저 말하는 편이 좋아. 그분들이 교장 선생님께 메일을 보내거나 전화를 해서 널 도와주실 거야.

학생회에 참여하기. 학교에 진정한 변화를 가져오고 싶다면 학생회에 참여해보자. 반장이나 총무가 할 수 있는 일에 한계가 있긴 하지만 학교에 한 걸음 더 다가가서 괴롭힘, 차별, 위생시설, 급식 품질, 활동비, 현장학습 장소 등에 대한 문제를 제기할 수 있어.

학대나 부당한 행위 신고하기. 선생님이 널 괴롭히거나 부당한 행동을 한다면 곧바로 신고해야 해. 교장 선생님이나 교육감에게 신고할 수 있도록 부모님 등 믿을 수 있는 어른에게 먼저 얘기하는 것도 좋아. 어른들은 어떤 불법 행위가 일어나는지 파악하고, 행위를 파악했다면 경찰에 신고 해야 해.

특별활동에 의견 표현하기

너도 특별활동을 하나쯤 하고 있을 거야. 피아노 레슨, 축구, 영화 보기, 승마, 봉사활동, 토론모임 등. 바쁘게 지내는 것은 좋은 일이고, 이런 활동은 말 그대로 특별활동이지. 즉 학교 수업과는 달리 네가 선택할 수 있는 활동이잖아. 그러므로 참여하는 사람은 얼마든지 의견을 표현할 권리가 있어. 재미있게 활동하고, 정정당당하게 겨루고, 새로운 기술을 배우려고 그런 활동을 하는 거야. 공동체의 구성원이 되는 과정이기도 하지. 특별활동을 하다가 의견이 생기면 어느 때고 이야기해.

그럴 때 필요한 조언을 해줄게.

원하는 활동 하기. 네가 정말 간절히, 꼭 하고 싶은 꿈같은 활동이 있니? 학교나 동네에서 할 수 있는 것 말이야. 그런 게 있다면 부모님께 말씀드리고 그 활동을 할 방법을 찾아봐(가족들에게 자기표현 하는 방법은 123쪽을 참고해). 터무니없는 일 같아도 부모님께서 방법을 찾아주실 수도 있어. 예를 들어 바다에서 스쿠버 다이빙을 하고 싶어 한다면 동네 수영장에서 스쿠버 다이빙 레슨을 받게 해주실 거야.

부당한 일에 대항하고 의견 말하기. 선생님이 불공평하다는 생각이 들면 얘기해야 하듯이 코치, 강사, 교장 선생님, 그 밖에 네 활동을 이끄는 누구든 부당한 행동을 한다는 낌새가 보이면 말을 해야 해. 예를 들어 소프트볼 코치가 매번 공을 짧게 치라고만 해서 타점을 올리지 못하게 한다면 전혀 공정하지 않은 거야. 너 스스로 타점을 올릴 능력이 없다고 지레 포기하지 마. 코치에게 말을 해보고 이유를 알아낸 다음, 다음에는 타점을 올리고 싶다고 얘기하렴(14쪽의 저넬 사례를 참고해).

도움 요청하기. 앞서 말했듯이 중학생일 때는 몸과 마음에 수많은 일이 벌어진단다. 뇌와 몸이 변화를 겪는 탓에 작년에 쉬워 보였던 일이 올해는 어려울 수도 있어. 예를 들어 전에는 안 그랬는데 외국어가 너무 어렵게 느껴지고, 점프 슛이 잘 안 들어가는 거야. 다시 말하지만 그저 네 몸과 마음이 조정되는 것뿐이니까 '난 왜 이렇게 못할까'라며 좌절하지 마. 도움을 청해보자. 강사나 코치와 대화해보렴.

재능 뽐내기. 가끔 네 재능이 다른 사람에게 가려서 빛을 보지 못하기도 해. 예를 들어 대규모 연극 동아리에서 담당 선생님께 네 멋진 노래 실력을 보여드릴 기회가 없었다고 하자. 무작정 기회를 기다리기만 하지는

마. 때를 봐서 선생님께 말씀드려봐. 언제 한번 시간을 내주시면 노래하는 모습을 보여드리고 싶다고 말이야. 이런 얘기를 하려면 용기가 많이 필요하겠지만, 용기야말로 무대에 서는 사람에게는 꼭 필요한 덕목이지!

그만두기. 그 활동에 관심이 떨어졌거나 계속하기가 무척 힘들다면 그만두는 것도 방법이야. '밥 먹듯이 포기하는 사람은 아무도 좋아하지 않는다'라는 말이 있긴 하지만, 하기 싫은 일을 억지로 하는 우울한 사람을 좋아하는 사람도 없어! 특별활동을 그만두고 싶으면 부모님이나 코치, 고문 선생님에게 말하렴(그만두기에 대해서는 125쪽 케이트와 아빠의 대화를 참고해).

내 이야기

중1 때 나는 약간 통통한 수준을 넘어서고 있었어. 지금 옛날 사진을 보면 충분히 괜찮다는 생각이 들지만 당시에는 내 외모가 용납되지 않았고 몸무게에 무척 예민했지.

어느 날 체육 시간에 갑자기 양호 선생님이 찾아오셨어. 남녀 구분 없이 한 줄로 서라고 하시더라. 맨 앞에 체중계를 설치하고는 한 사람씩 올라가라는 거야. 그뿐인 줄 알아? 우리 몸무게를 큰 소리로 외치면서 한 아이에게 종이에 받아 적으라고 했어.

나와 친구들은(날씬한 애들까지도!) 탈의실로 달려가서 숨었지만 결국 들통이 나서 그 끔찍한 체중계 위에 억지로 올라가야 했어. 내 차례가 됐을 때 그 엄청난 고통을 숨길 수가 없었어. 일부러 쿵쿵거리며 체중계에 올라가서 크게 한숨을 쉬었던 것 같아. 양호 선생님은 내 태도가 불량하다며 소리를 질렀어. 거기서 내가 어쩌겠어? 복종하는 수밖에. 선생님은 내 몸무게를 쟀고, 같은 반 친구는 숫자를 받아 적었고, 난 충격을 안고 체육 수업을 받으러 돌아왔어.

나는 그날 크게 상처를 받은 채 집에 돌아왔어. 그렇게 권위자의 힘에 눌려 온 세상에 몸무게가 까발려져서 엄청난 수치심을 느꼈지. 무슨 일이 있었는지 말했더니 엄마는 충분히 화가 날 일이라고 말씀하셨어. 교장 선생님께 전화해서 항의하겠다고 하시기에 동의하긴 했는데 좀 꺼림칙하더라고. 엄마가 내 편이 돼주어서 좋았지만 교장 선생님과 문제가 생겨서 수치심만 깊어질까 봐 걱정이 됐거든.

다음 날 교장 선생님이 날 교장실로 부르셨어. 그 무렵 내 분노는 좀 수그러졌고, 학교에서 가장 영향력이 큰 사람에게 관심을 받는다는 게 무척 당황스럽고 불안했지(게다가 내 몸무게와 관련이 있었으니까!). 교장 선생님은 교장실에서 얘기하지 않고, 교장실 앞 복도로 마중을 나오셔서 함께 학교를 산책하자고 하셨어. 좀 이상하기도 하고 색다른 느낌이었어. 큰 공립학교에 다녔기 때문에 교장 선생님 같은 분에게 개인적인 관심을 받는 게 어색하고 부끄러운 한편, 스스로 뭔가 중요한 사람이 된 것 같은 느낌도 들었지. 이렇게 위풍당당한 여성이 동등한 사람 둘이서 산책한다는 듯이 날 존중해주었으니까.

양호 선생님이 아이들을 모조리 줄 세웠다는 사실을 교장 선생님은 전혀 모르셨고, 알고 난 뒤 본인도 화가 났다고 하셨어. 어린 시절 얘기도 해주셨지. 교장 선생님이 내 나이였을 때, 교복 치수를 잰답시고 전교생 앞에 여학생을 줄 세웠다는 거야! 정말 수치스러운 일이었기 때문에 지금 내 심정도 잘 안다고 말이야. 나에게 사과를 하셨어. 세상에 교장 선생님이, 내 조그만 세상에서 가장 힘 있는 사람이 나에게 사과를 하다니! 난 너무나 놀랐지.

더 놀라운 건 교장 선생님의 그다음 행동이었어. 나를 데리고 양호실로 들어가서 양호 선생님더러 내게 개인적으로 사과하라고 하셨지.

양호 선생님은 사과하셨어. 교사로서 잘못된 행동이었다는 사실을 인정했고, 앞으로는 절대 학생들을 그런 식으로 줄 세우지 않겠다는 말도 덧붙였어. 내가 나뿐만 아니라 내 친구들 모두 앞으로 수치스러울 일이 없게 한 거야! 자기표현에서 완전히 새로운 면을 보게 됐지.

이처럼 자기표현이 효과를 거두면 상대가 놀라움을 안겨주기도 해. 나와는 완전히 다른 세상에 사는 것 같은 사람도 말이야.

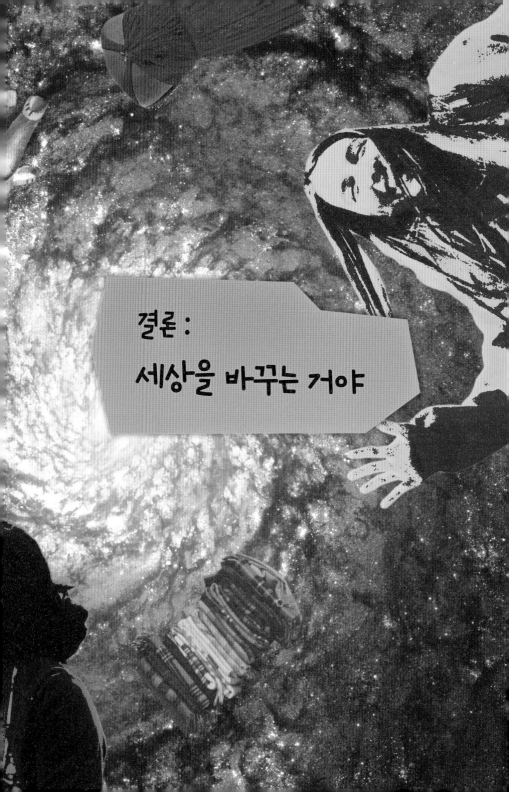

결론 :

세상을 바꾸는 거야

중학교는 수많은 일이 시작되는 곳이야.
십대가 시작되고, 스스로 더 많은 결정을 하기 시작하고,
스스로 어떤 어른이 되고 싶은지 발견하기 시작하지.

자기표현은 항상 중요하고, 언제 시작해도 절대로 늦지 않아. 어른이 될 때까지 자기표현을 시작조차 하지 않는 사람도 있는걸! 중학교를 졸업하고 나면 일을 하거나, 정치적 운동에 참여하거나, 본격적으로 봉사활동을 하거나, 자기 신념을 위해 싸우기 시작해. 그런 다음에는 대학에 가거나, 세계를 여행하거나, 직업을 갖거나, 가정을 꾸리지! 아직은 먼일 같고 두렵게 느껴지겠지만, 중요한 순간에 자기표현만 잘 해도 훨씬 쉽게 헤쳐나갈 수 있어!

중학교는 네 감정을 발견하고, 의견을 표현하고, 중요한 변화를 이끌 방법을 배우기에 아주 좋은 출발점이야.

여러 세대에 걸쳐서 다양한 이유로 네 나이의 여자아이들은 자기표현을 하지 못했어. 나도 그중 하나야. 할 수가 없었어. 내가 중학생일 때는 자신감이나 성차별에 대해서 아무도 말하지 않았거든. 자기표현을 해야 한다거나 내 의견도 말할 가치가 있다는 걸 말해주는 사람이 없었어.

그러다 보니 우리 세대는 어른이 되어서야 회사에 급여 인상 요구하기, 가족이나 친구들에게 원하는 것 말하기, 동료와 협상하기 같은 기본 기술을 배우느라 고군분투해야 했어. 안타깝게도, 이런 기술을 배우려고 하지만 절대 익히지 못하는 사람들도 있지.

하지만 넌 달라. 오늘날 우리 문화는 소녀들 앞에 놓인 장애물을 인식했고 이를 없애기 시작했어. 한때는 학교폭력 가해자와 싸우지 않는 사람을 겁쟁이라고 불렀고, 운동경기를 하는 여학생을 남자아이 같다고 놀렸어. 이 말이 믿기니? 아마 말도 안 되는 소리로 들릴 거야. 너희 세대는 이전 어느 세대보다 자기답게 행동하고 당당히 신념을 주장할 수 있어. 넌 올바른 방향으로 성장하는 중이야. 네가 그 방향으로 온 힘을 다해 계속 나아가도록 이 책이 도움이 되어주리라 믿어.

지금 네가 친구, 가족, 선생님, 가해자, 연애 상대 등 누구를 맞닥뜨리든 그들에게 자기표현을 하려고 노력한다면 너 자신만이 아니라 여성의 미래를 바꿀 수 있어. 자기표현을 함으로써 사람들이 자기 자신과 다른 사람을 바라보는 방식을 바꾸는 거야. 한마디로, 세상을 바꾸는 거지.

너와 친구들이 세상을 이끌어가는 모습을 정말 보고 싶구나.

항상 당당하게 손을 들어봐.

- Emily Bazelon, 《몽둥이와 돌: 학교폭력 문화를 없애고 인격과 공감의 힘 다시 발견하기(ticks and Stones: Defeating the Culture of Bullying and Rediscovering the Power of Character and Empathy)》, Random House, 2013.
  언론인 에밀리 배질런은 학교에서 일어나는 괴롭힘 문화에 대해 오랫동안 깊이 있게 연구해왔어. 이 책은 현실과 온라인에서 일어나는 폭력을 정의하고 어른들이 이를 어떻게 막을지 설명하고 있어.
- 학교폭력 프로젝트(The Bully Project), www.thebullyproject.com.
  이 프로젝트에서는 〈불리(Bully)〉라는 다큐멘터리 영화를 발표했어. 선댄스 영화제에서 수상하고 에미상을 받은 리 허시(Lee Hirsh) 감독이 연출했어.
- 집단 괴롭힘 관련 통계(Bullying Statistics), www.bullyingstatistics.org.
  괴롭힘을 통합적으로 다룬 웹사이트로 사이버 폭력, 동성애자 폭력, 관련법 등에 대한 정보와 통계를 확인할 수 있어.
- 카툰 네트워크(Cartoon Network), '학교폭력은 그만: 크게 말해요(Stop Bullying: Speak Up)', www.cartoonnetwork.com/promos/stopbullying/index.html.
  애니메이션 TV 채널인 카툰 네트워크에서는 어린이들에게 학교폭력에 대한 경각심을 높이기 위해 '학교폭력은 그만: 크게 말해요'라는 캠페인을 진행했어.
- 아동 복지 정보 서비스(Child Welfare Information Gateway), www.childwelfare.gov.
  가족 관계 개선과 학대 방지에 필요한 정보를 제공하는 정부 웹사이트야.
- Criswell, Patti Kelley, 《현명한 소녀를 위한 친구 문제 안내서: 다툼이나 왕따, 그리고 온갖 인기 문제에 대처하는 법(A Smart Girl's Guide: Friendship Troubles: Dealing with fights, being left out & the whole popularity thing)》, American Girl, 2013.
- Ellen Degeneres, 학교폭력에 함께 대항하기(United Against Bullying), www.ellentv.com/tags/UnitedAgainstBullying.
  엘런 디제너러스의 학교폭력에 함께 대항하기 캠페인 웹사이트에서는 학교폭력에 반대하는 수많은 유명인의 인터뷰 동영상을 확인할 수 있어.
- Nancy Holyoke, 《현명한 소녀를 위한 남자 문제 안내서: 짝사랑에서 살아남기, 스스로 솔직해지기, 그 밖의 (애정) 문제(A Smart Girl's Guide: Boys: Surviving Crushes, Staying True to Yourself, and other (love) stuff)》, American Girl, 2014.
  데이트를 시작하고 싶어 하는 여학생들을 위한 재미있는 안내서야. 저자 홀리요크는 첫 데이트 팁부터 여학생들의 실제 경험담까지 다양한 내용을 소개하는데, 이 책에서 특히 중요하게 다루는 내용은 연애를 하면서 자존감을 유지하는 방법이야.
- 인권 캠페인: 커밍아웃(The Human Rights Campaign: Coming Out), www.hrc.org/resources/category/coming-out.
  동성애자와 성전환자, 양성애자, 그리고 정체성 혼란을 겪는 청소년들에게 필요한 자료를 제공하는 사이트야.

- Gershen Kaufman, Lev Raphael, Pamela Espeland, 《자신을 지켜라: 아이가 내적인 힘과 긍정적인 자존감을 키우는 법(Stick Up for Yourself: Every Kid's Guide to Personal Power & Positive Self-Esteem)》, Free Spirit, 1999.
학교에서 괴롭힘을 당하든 집에서 의견 충돌에 부딪히든, 어떤 상황에서도 자기주장을 하려는 아이들이 참고할 수 있는 훌륭한 자료야.
- Wendy L. Moss, 《자기 모습 찾기: 아이가 자신감과 자존감을 키우는 법(Being Me: A Kid's Guide to Boosting Confidence and Self-Esteem)》, Magination, 2010.
심리학자이자 아동심리 전문가 웬디 모스가 자존감을 키우는 방법을 제시하는 책이야. 아이들이 실제로 겪었던 일을 포함해서, 어떤 상황에도 도움이 될 만한 유용한 조언이 담겨 있지.
- PBS 어린이 방송, "이건 내 인생이야(It's My Life)", pbskids.org/itsmylife/index.html.
어린이와 십대 청소년이 정보를 얻고 자기 이야기를 나누고, 퀴즈를 풀거나 투표를 하거나 실제 생활과 관련 있는 주제의 동영상을 감상할 수 있는 웹사이트야. 유명인의 인터뷰도 등록되어 있고 비슷한 경험을 했던 십대 후반 청소년들의 조언도 제공하지. 이 사이트에는 친구, 가족, 학교, 신체, 감정, 돈 등 여섯 개 채널이 있어.
- Linda Perlstein, 《별일 없어: 비밀스러운 중학생들의 삶(Not Much Just Chillin': The Hidden Lives of Middle Schoolers)》, Ballantine Books, 2004.
언론인 린다 펄스타인은 몇 년 동안 메릴랜드 교외에서 다양한 배경을 지닌 중학생들을 관찰했어. 이 책에서는 그 중학생들의 내면과 욕망, 그리고 수십 년 동안 어른들을 혼란스럽게 한 그들의 문화를 생생하게 그려내고 있어.
- "정보창고(Resources)", 파서 국립 학교폭력 방지 센터, www.pacer.org/bullying/resources, www.pacerteensagainstbullying.org.
파서 센터에서는 학교폭력 방지 활동을 하고 관련 정보를 제공해. 아이들이 학교에서 폭력을 피하는 방법을 알려주지.
- Sheryl Sandberg, 《뛰어들라: 여성, 일, 그리고 이끌려는 의지(Lean In: Women, Work, and the Will To Lead)》, Knopf, 2013.
초등학교나 중학교 때만 자기표현이 어려운 것은 아니야. 대학생이 되어도 그런 고민은 따라오고, 이후 직장에 다닐 때도 마찬가지지. 페이스북 임원 셰릴 샌드버그는 이 멋진 책에서 여성들이 직장에서 부딪히는 문제를 지적하고, 자기표현 또는 뛰어들기가 성공을 위한 핵심이라고 설명했어.
- 학교폭력 근절(Stomp Out Bullying), stompoutbullying.org.
학교폭력과 사이버 폭력을 근절하는 데 초점을 맞추는 웹사이트야.
- 트레버 프로젝트, www.thetrevorproject.org.
동성애자, 성전환자, 그 밖에 혼란을 겪는 아이들의 위기 상황에 개입하고 자살을 방지하고자 하는 웹사이트야. 즉시 도움이 필요하면 (미국 국가번호)1-866-488-7386으로 24시간 언제든 전화를 걸 수 있어.
- Laurie Zelinger, 《현명한 소녀를 위한 힘 때도 자신을 사랑하는 방법 안내서(A Smart Girl's Guide to Liking Herself, Even on the Bad Days)》, American Girl, 2012.
어린이 심리학자 로리 젤링거가 힘든 나날을 보내는 소녀들을 도와줄 자신감 고취 방법을 소개하고 있어.

십대의 당당하고 솔직한 자기표현을 도와주는 가이드북

목소리를 높여봐!

초판 1쇄 발행 2018년 3월 12일
지은이 핼리 본디 ┃ **일러스트** 조딘 본즈 ┃ **옮긴이** 김잔디

펴낸이 민혜영 ┃ **펴낸곳** (주)카시오페아 출판사
주소 서울시 마포구 월드컵북로 42다길 21(상암동) 1층
전화 02-303-5580 ┃ **팩스** 02-2179-8768
홈페이지 www.cassiopeiabook.com ┃ **전자우편** editor@cassiopeiabook.com
출판등록 2012년 12월 27일 제2014-000277호
외주편집 공순례

ISBN 979-11-88674-11-4 43190

이 도서의 국립중앙도서관 출판시도서목록(CIP)은 서지정보유통지원시스템 홈페이지(http://seoji.nl.go.kr)와
국가자료공동목록시스템(http://www.nl.go.kr/kolisnet)에서 이용하실 수 있습니다.
CIP제어번호: CIP2018005360

• 잘못된 책은 구입한 곳에서 바꾸어 드립니다.
• 책값은 뒤표지에 있습니다.

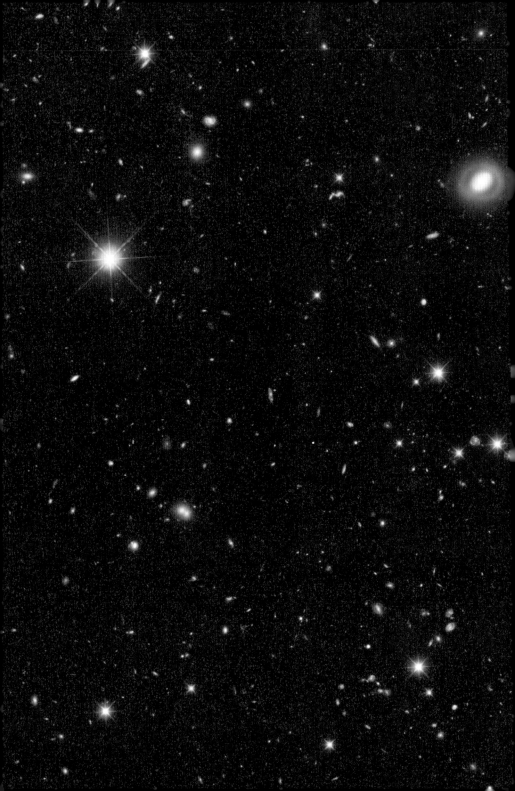